Lago Maggiore

Aylie Lonmon

Inhalt

Das Beste zu Beginn
S. 4

Das ist der Lago Maggiore
S. 6

Lago Maggiore in Zahlen
S. 8

So schmeckt der Lago Maggiore
S. 10

 # Ihr Lago-Maggiore-Kompass
15 Wege zum direkten Eintauchen in die Region
S. 12

Tessin

S. 15

Locarno S. 16

Bahnreise und Kreuzfahrt –
Lago Maggiore Express
S. 22

Centovalli/Valle Vigezzo S. 24
Valle Onsernone S. 25
Vallemaggia S. 26
Val Verzasca S. 29

Wandern und Baden –
Ausflug ins Verzascatal
S. 30

Ascona S. 33

Deutsche Einwanderer sorgten für Furore –
Monte Verità
S. 34

Brissago S. 40
Gambarogno S. 41

Paradiesgarten einer exzentrischen Baronin –
die Brissago-Inseln
S. 42

Piemontesisches Ufer

S. 47

Cannobio S. 48
Cannero Riviera S. 50
Intra S. 52

Abgeschiedenes Paradies –
der Nationalpark Val Grande
S. 54

Pallanza S. 57

Englischer Garten auf italienisch – **der Park der Villa Taranto**
S. 58

Fern von allem Trubel –
der Lago di Mergozzo
S. 60

Baveno S. 63
Stresa S. 64

Die Schöne, die Reiche und die Arme – **Isole Borromee**
S. 66

 Der Hausberg von Stresa – **Mottarone**
S. 70

Lesa S. 72
Arona S. 73
Lago d'Orta S. 76

 Von Ungeheuern befreit – **Isola di San Giulio**
S. 78

Lombardisches Ufer

S. 81

Sesto Calende S. 82
Angera S. 83

 Stolze Burg mit Puppenmuseum – **Rocca di Angera**
S. 84

Ispra S. 86
Besozzo S. 87
Laveno S. 87

 Adlernest über dem See – **Santa Caterina del Sasso**
S. 88

Sasso del Ferro S. 91
Cittiglio S. 92
Gemonio S. 93
Casalzuigno S. 93

 Mühle und Freskendorf – **Cocquio und Arcumeggia**
S. 94

Varese S. 96
Lago di Varese S. 97

 Zeitgenössische Kunst in barocker Umgebung – **Villa Panza**
S. 98

 Barocke Kreuzwegstationen – **Sacro Monte**
S. 100

Castelveccana/Caldè S. 102
Porto Valtravaglia/Domo S. 103
Luino S. 104
Val Veddasca S. 105
Maccagno S. 106

Hin & weg
S. 108

O-Ton Lago Maggiore
S. 114

Register
S. 115

Abbildungsnachweis/Impressum
S. 119

Kennen Sie die?
S. 120

Das Beste zu Beginn

Den Lago Maggiore selbst entdecken
Wasser und Berge. Baden und wandern. Mittelmeerklima und kühle Bergluft. Wilde Natur und gezähmte Parklandschaft. Aber auch an der Seepromenade flanieren, in der Sonne sitzen und einen Campari oder Cappuccino trinken: Die vielen Kontraste machen den Lago zu einem spannenden Reiseziel.

Dieser Blick!
Mit zum Schönsten am Lago Maggiore gehören die Ausblicke! Immer wieder, zu jeder Jahreszeit und an allen Ufern. Am spektakulärsten ist der Blick auf das Monte-Rosa-Massiv im Westen. Postkartenmotive sind die Frühlingsblütenpracht und das stechende Blau im Sommer. Sonnige Herbsttage tauchen den See in ein besonderes Licht und im Winter strahlt er zuweilen etwas Melancholisches, Romantisches aus.

In Flüssen baden
Wenn es im Sommer sehr heiß ist, sind die Flüsse eine wunderbare Alternative zum Lago Maggiore. Vor allem die Flüsse in den Tessiner Tälern sind sehr beliebt, aber auch auf italienischer Seite gibt es schöne Stellen.

Aus der Vogelperspektive
Verpassen Sie keinesfalls, bei klarer Sicht auf einen der Berge zu steigen oder zu fahren. Leicht zu erreichende Ziele mit großartiger Aussicht auf Seen und Berge sind z. B. der Mottarone bei Stresa, Cardada Cimetta oberhalb Locarno oder der Sasso del Ferro bei Laveno (alle mit Seilbahn).

Red Carpet
Der Lago Maggiore und seine Täler bieten vor allem Natur, aber auch Kultur – sogar hochkarätige, wie die Settimane Musicali in Stresa und das Filmfestival in Locarno: Alljährlich im August können Filmfans aus aller Welt etwa 300 Filme ansehen.

Das Beste zu Beginn

Wanderparadies
Atemberaubende Aussichten und Einsichten erwarten Wanderer auf den Gipfeln und in den vielen Tälern, in denen die einst intensive Almwirtschaft leider fast gestorben ist. Das Angebot reicht von gut markierten, leichten Wegen bis zu anspruchsvollen Alpintouren mit schlecht oder gar nicht bezeichneten Strecken, die dringend gute Karten, Erfahrung und Kondition erfordern.

Verwunschene Perlen
Die Borromäischen Inseln sind das geografische und touristische Herz mitten im See. Auch wenn alle Lago-Besucher dorthin eilen, lohnt ein Besuch. Dank dem milden, feuchten Klima sind auf der Isola Bella und der Isola Madre prächtige botanische Gärten mit exotischen Pflanzen entstanden und Prachtvillen errichtet worden. Die benachbarte, malerische Isola dei Pescatori, einst ein Fischerdorf, lebt heute vom Tourismus.

Schifffahrten
Fahren Sie mindestens einmal mit dem Boot oder Schiff. Besonders eindrucksvoll wirkt das Klösterchen Santa Caterina del Sasso vom See aus. Die Schiffe der Navigazione fahren in der schönen Jahreszeit dorthin.

Romanische Kirchen
Immer wieder stößt man auf kleine romanische Kirchen mit ihren weithin sichtbaren Türmen. Viele stehen einsam außerhalb der Ortschaften, meist mit Blick auf den See. Oft sind sie mit erst kürzlich freigelegten Fresken geschmückt.

Italien ist seit eh und je mein Heimatland. Zwölf Jahre habe ich in Mailand gewohnt, jetzt lebe ich wieder auf dem Land in der Nähe des Lago Maggiore, in den ich oft und gerne hineinspringe.

Fragen? Erfahrungen? Ideen?
Ich freue mich auf Post.

Mein Postfach bei DuMont:
lonmon@dumontreise.de

Das ist der Lago Maggiore

Seit jeher übt der Lago Maggiore eine magische Anziehungskraft auf die verschiedensten Menschen aus. Liegt das an seinen Kontrasten? An der Nähe von Berg und See, von abgelegenen Bergdörfern und palmenbestandenen Ufern, von wilden, verlassenen Gebieten und wachsenden Städten, von Tradition und Mondänität? Wie dem auch sei, seit über 200 Jahren zieht der Lago, Schriftsteller, Künstler und Denker, Weltverbesserer und Träumer sowie gekrönte Häupter und andere Granden in seinen Bann.
Das Besondere an diesem See ist das Zusammenspiel mit den Bergen, die in dieser Landschaft eine große Rolle spielen. Hier genießt man das ganze Jahr über den Blick auf die schneebedeckten Gipfel. Dieser Kontrast zwischen der Weite des Wassers und der Nähe der Berge ist nicht nur für Flachländer faszinierend.
Italiens zweitgrößten See, den 66 km langen, 212 km² großen Lago Maggiore, teilen sich das Tessin im Norden, das Piemont im Westen und die Lombardei im Osten. Der See reicht von der südlichen Alpenkette über die Voralpen bis an die Ausläufer der Poebene. Sein Hauptzufluss unter den mehr als 80 Zuflüssen ist der Ticino, der bei Magadino im Tessin in den See mündet und ihn in Sesto Calende im Süden wieder verlässt, um bei Pavia in den Po zu strömen.

Von Gletschern geboren
Seine Entstehung verdankt der Lago Maggiore den Gletschern, die den See ausgeschürft und die Täler ausgehöhlt haben. Glaziale Reste in Gestalt von Findlingen zeugen vom Zurückgehen der großen Eisfläche nach der letzten Eiszeit. Die Hügel und die kleinen, runden Seen im Südosten des Lagos sind moränischen Ursprungs.

Der große Wandel im 19. Jahrhundert
Mit dem Bau der Simplonstraße und vor allem der Simplonbahn begann die touristische Entwicklung der Westküste des Lagos. Stattliche Villen mit weitläufigen Parkanlagen und große Belle-Epoque-Hotels entstanden. Sie lockten zunächst vor allem Gäste aus England, Russland und Frankreich an. Während in den Uferbereichen die Anzahl luxuriöser Wohnbauten stetig zunahm, entvölkerten sich die bitterarmen Täler im 19. Jh. durch Auswanderung und Landflucht. Erst seit einigen Jahrzehnten kann auch hier eine Wiederbelebung verzeichnet werden.
In Erstaunen versetzt immer wieder die Existenz herrschaftlicher Häuser in kleinen abgelegenen Dörfern. Diese stammen von den Bewohnern, die ihre Heimat auf der Suche nach Arbeit verlassen mussten. Einige kehrten wohlhabend zurück und errichteten im alten Dorf ihre *palazzi*.

Der Unterschied zwischen den beiden Ufern ist groß
Das Tessin im Norden des Sees ist ganz auf Tourismus eingestellt und bietet rundum eine sehr gute Infrastruktur. Öffentliche Verkehrsmittel bringen Gäste bis in die hintersten Orte der Täler. Man spürt die Schwyzer Organi-

Das ist der Lago Maggiore

In den 1920er-Jahren war Locarno noch klein und die gegenüberliegende Westküste kaum besiedelt.

sation. Hier wird auch fast überall Deutsch gesprochen, denn die meisten Touristen kommen aus ›Germanien‹ und der Deutschschweiz. Kurz hinter der Landesgrenze geht es zunächst noch ähnlich wie in der Schweiz zu. Doch mit jedem Kilometer weiter gen Süden wird es italienischer.
Am vor kalten Winden geschützten piemontesischen Westufer, der *sponda grassa*, dem fetten Ufer, wetteifern touristenträchtige, malerische Städtchen neben prächtigen Villen mit üppigen Parks und Gärten um die Gunst der Besucher. Die Alpen im Norden halten kalte Winde und die Atlantikströmungen ab. Das Gebirge im Westen samt dem Monte Rosa, dem zweithöchsten Berg Europas, hilft dem See im Sommer Wärme zu speichern, die er im Winter wieder abgibt. Das verhindert große Temperaturschwankungen.
Das östliche lombardische Ufer (Provinz Varese) hingegen, die *sponda magra*, das magere Ufer, ist im Norden eher karg, wenig zersiedelt, zuweilen fast noch wild. Im Süden dominieren sanfte Hügel und Endmoränenseen. Das Varesotto ist eine reiche, touristisch noch nicht so stark erschlossene Gegend.

Der Lago heute

Der Lago Maggiore ist ein beliebtes Ziel für Aktivurlauber, es geht hier viel ruhiger zu als am Gardasee. Neben den Badefreuden, den botanischen Gärten, Parks und Villen, Kirchen und Museen sind die Hügel und Berge rings um den Lago ein herrliches Wandergebiet. Das besondere Klima mit vielen Sonnentagen und regenarmen Wintern macht die Gegend das ganze Jahr über interessant. Auch Schneeschuhtouren haben ihren Reiz. Solange man den See bereist, ist man im Sommer mit den Schiffen überall bestens bedient. Verlässt man allerdings den See, braucht man auf italienischer Seite leider meist das Auto. Die engen Straßen sind schön, aber stark befahren und Radfahrer müssen sehr aufpassen.

Lago Maggiore in Zahlen

1
Fährlinie befördert Autos von einem Ufer zum anderen.

2
Länder, drei Regionen teilen sich den Lago.

3
große Naturschutzgebiete und weitere kleinere sind zu entdecken.

7
Welterbestätten der UNESCO finden sich in der Gegend des Lago Maggiore.

12
Golfplätze gibt es rings um den Lago Maggiore.

20
% des Sees liegen in der Schweiz.

20,68
m hoch ist die Kolossalstatue San Carlone.

53
Museen können Sie besuchen.

60
Klausurnonnen wohnen auf dem Inselchen San Giulio im Lago D'Orta.

80
und mehr Zuflüsse münden in den Lago.

100
Regentage gibt es pro Jahr in Locarno.

212,5
km² ist der See groß und damit der zweitgrößte Italiens bei einer Länge von 66 km.

220
m in die Tiefe stürzte sich ein Bungee-Springer im Verzascatal.

296
km befahrbare Wege, 398 km Pfade und 72 km Verschanzungen bilden die Linea Cadorna.

700
km markierte Wanderwege finden Sie im Maggiatal.

1900
und mehr Pflanzenarten wachsen im besonderen Klima des Lago.

2300
Stunden scheint die Sonne jährlich in Locarno.

4634
m hoch ist der Monte Rosa, der zum Panorama des Sees gehört.

20 000
Arbeiter haben vor 100 Jahren die Linea Cadorna gebaut.

372
m tief ist der Lago an seiner tiefsten Stelle.

So schmeckt der Lago Maggiore

Rings um den See werden die meisten Restaurants von Familien geführt. Die Anzahl der Frauen, die Chefinnen dieser Lokale sind, nimmt zu. Man findet zum Glück auch immer mehr Küchen, die Wert auf regionale, frische Produkte legen und ein saisonales Menü bieten, oft mit Erzeugnissen aus biologischem Anbau. Pasta fresca ist meistens hausgemacht.

Fattorie, Agriturismi und Märkte bieten köstliche regionale Käsesorten, Wurstwaren, Obst und Gemüse – und die Landschaft wunderbare Plätze zum picknicken.

Tessiner Grotti
Ursprünglich waren sie unter Felsvorsprünge und Höhlen gebaute Keller- und Lagerräume, in denen man Essen kühl aufbewahren konnte. Viele *grotti* wurden schon im 19. Jh. in Wirtshäuser umgewandelt. Im Sommer speist man im Freien an Steintischen unter großen, Schatten spendenden Bäumen, Glyzinien oder Weinpergolas, im Winter gemütlich am Kamin.
In den selten gewordenen echten Grotti gibt es traditionelle Tessiner Speisen: Käse, Salami, Brot, Polenta, Minestrone, Fleisch und im Herbst Pilze, dazu ein Glas Wein aus der Region (Merlot).
Doch nicht nur in den Grotti, generell erlebt die Arme-Leute-Küche sowohl im Tessin als auch auf der italienischen Seeseite eine Renaissance.

In Italien zahlt man *pane e coperto*, Brot und Gedeck immer extra, egal ob und wie viel Brot man isst. Bei Bedarf wird nachgeliefert.

Pizzerie
Pizza ist vor allem in Italien eine günstige Alternative zu teuren Restaurants und die Qualität wird im Allgemeinen immer besser. Es wird mehr auf gute Zutaten und auf Unverträglichkeiten geachtet. Viele Lokale bieten glutenfreie oder auch vegane Pizza.

KÜCHENZEITEN

In der Regel sind Restaurantküchen von 12 bis 14 und dann wieder von 19.30 bis 22 Uhr geöffnet. In fast allen Lokalen empfiehlt es sich unbedingt, zu reservieren!

Lokale Produkte
Früher herrschte in den Tälern große Armut. Manchmal erzählen die Alten noch von der Zeit, als es für sie ein Fest war, wenn sie zu Weihnachten eine Mandarine bekamen. Heute stehen wieder viele Nahrungsmittel aus jener Zeit auf dem Tisch und gehören zum Besten der Region, so z. B. Polenta, eine sehr beliebte Sättigungsbeilage aus Maismehl zu Wild- und Fleischgerichten. Manche genießen Polenta fast pur mit Käse und Butter. Kastanien, das ›Brot der Armen‹, wurden früher in Trockenhäusern gedörrt. Heute zaubert man aus ihnen köstliche Gerichte und Süßspeisen wie *gnocchi di castagne* oder *marrons glacés*.
Wichtig sind auch Pilze, besonders Steinpilze, die man im Herbst auf

So schmeckt der Lago Maggiore

allen Speisekarten findet, sowie Wild. Ansonsten geht nichts ohne Reis, denn das größte Anbaugebiet Europas in der Po-Tiefebene ist nicht weit entfernt. Es gibt eine unglaubliche Vielfalt an *risotti*.

Der See und die Berge
Auch Fisch war immer ein Hauptnahrungsmittel, doch heute leben nur noch Wenige vom Fischfang. Es ist nicht nur ein harter Beruf, auch die Fischzahlen gehen zurück. Doch sie spielen noch eine große Rolle auf den Speisekarten. Aus den Bergdörfern werden Ziegenmilchkäse und Wurstwaren geliefert. Insbesondere aus den Blüten der Akazien, Linden und Kastanienbäume gewinnen Bienen und Imker einen köstlich aromatischen Honig.

Ausflug in ein Weinbaugebiet
Wer kennt schon den ›Spanna‹ oder den ›Ghemme‹? Schon die Römer hatten auf den Hügeln um Novara und Vercelli ihre Reben angebaut. Lange standen diese Weine ganz im Schatten der berühmten Rotweine aus den Langhe. Sie sind aber eine Reise wert, zumal man vom südlichen Ende des Lago Maggiore nur etwa eine halbe Stunde mit dem Auto fährt. Man kann entweder über die Autobahn oder über Land durch das Weinbaugebiet fahren. In und um Ghemme (südl. B 12) kann man bei Winzern Rot- und Weißweine kosten und kaufen. Hier seien nur drei Namen erwähnt: Cantina Rovellotti und Antichi Vigneti di Cantalupo in Ghemme und die Azienda Agricola Biologica Bianchi in Sizzano Novara.

PESCE IN CARPIONE

Marinierter Fisch
Dieses rings um den See beliebte Gericht stammt aus einer Zeit, als es noch keine Kühlschränke gab. Grundrezept (es gibt viele Variationen): Man wende ganze, kleine Fische oder Fischfilets in Mehl, brate sie in heißem Öl goldgelb auf beiden Seiten und lege sie in eine flache Schüssel.
Für die Marinade dünste man Zwiebeln, Karotten und Stangensellerie in dünnen Scheiben, gebe Pfeffer, Nelken und Zitronenscheiben hinzu. Man lösche sie mit jeweils 1/3 Weißwein, Essig und Wasser und lasse sie noch etwa 10 Min köcheln, bevor man die Fische mit der Marinade bedeckt und verschlossen kühl stellt.

Vegane Pizza in den Farben der italienischen Flagge

Ihr Lago-Maggiore-Kompass

#2
Wandern und Baden – **Ausflug ins Verzascatal**

#3
Deutsche Einwanderer sorgten für Furore – **Monte Verità**

FREIE LIEBE, VEGETARISMUS, KOMMUNISMUS, ANARCHIE UND MEHR

#1
Bahnreise und Kreuzfahrt – **Lago Maggiore Express**

Sprung ins eisige Bergwasser

BERG-, WASSER- & TALFAHRT

WOMIT FANGE ICH AN?

Ein stummes Schauspiel aus Gipsfiguren

#15
Barocke Kreuzwegstationen – **Sacro Monte**

LICHT ZAUBER

#14
Zeitgenössische Kunst in barocker Umgebung – **Villa Panza**

Mehl im Teller und an der Wand

Einsiedelei unter dem tanzenden Stein

#13
Mühle und Freskendorf – **Cocquio und Arcumeggia**

#12
Adlernest über dem See – **Santa Caterina del Sasso**

15 Wege zum direkten Eintauchen in die Region

#4
Paradiesgarten einer exzentrischen Baronin – **die Brissago-Inseln**

#5
Abgeschiedenes Paradies – **der Nationalpark Val Grande**

Einmal um die BOTANISCHE WELT in 80 Minuten

Wilderness

Blumen so weit das Auge reicht

#6
Englischer Garten auf italienisch – **der Park der Villa Taranto**

Ein kleiner BERG mit winzigem DORF und einer beachtlichen KIRCHE

#7
Fern von allem Trubel – **der Lago di Mergozzo**

INSELHOPPING

#8
Die Schöne, die Reiche und die Arme – **Isole Borromee**

Skipisten mit Seeblick?

Besuch bei Drachen + Ungeheuern

#9
Der Hausberg von Stresa – **Mottarone**

VIELE KLEINE FREUNDINNEN

#11
Stolze Burg mit Puppenmuseum – **Rocca di Angera**

#10
Von Ungeheuern befreit – **Isola di San Giulio**

Tessin

Der alpenumschlossene, sonnengesegnete Südzipfel des Tessins hat viele Gesichter: Schweizer Präzision und Pünktlichkeit, Italianità und Freigeister. Er zog deutsche Millionäre und Aussteiger gleichermaßen in seinen Bann. Heute leben und wirtschaften hier viele Deutschschweizer. Echte Wanderparadiese sind die alpinen Täler des Locarnese. Es gibt so viele Wege, dass man auch in der Hochsaison einsame Pfade findet. Am Ufer des Lago Maggiore geht es dann schon mondäner zu.

Locarno 🗺 G 1

Cityplan S. 18

Locarno ist die einzige größere Stadt des Tessins am Lago Maggiore. Während des alljährlichen Filmfestivals bietet sie eine der schönsten Tribünen für das junge Kino.

Wachsende Stadt
Locarno (15 000 Einw.) ist aus verschiedenen Orten zusammengewachsen und platzt aus allen Nähten. Manchmal stößt man noch auf alte Steinhäuser mit Schieferdächern, die uns ahnen lassen, wie schön es hier war, bevor der Bauboom nach dem Zweiten Weltkrieg einsetzte. Einst reichte der See bis zur Piazza Grande und zum Castello. Doch dann wuchs die Stadt auf dem vom Fluss Maggia angeschwemmten Neuland immer weiter.

Ein bisschen Geschichte
Erst Kelten, später Römer besiedelten die Deltamündung der Maggia, die heute Locarno von Ascona trennt. Im 12. Jh. wurde die günstig am Ausgang der Alpenpässe gelegene Stadt reich. Como und Mailand stritten sich um die Herrschaft. Dann kamen dunkle Jahre: 1513 wurde Locarno eidgenössisches Untertanengebiet. Im Zuge der Gegenreformation mussten 1555 die Protestanten, darunter alteingesessene Patrizierfamilien, die

Bekannt wurde die Stadt, als sie im Oktober 1925 zum internationalen Schauplatz wurde. Denn hier trafen sich Stresemann, Chamberlain, Briand und andere Staatsmänner, **um mit dem Locarno Vertrag** ein Frieden wahrendes Sicherheitssystem in Europa zu schaffen.

Stadt verlassen, 30 Jahre später kam die Pest. Erst im 19. Jh. erlangte Locarno wieder Bedeutung und war im Wechsel mit Lugano und Bellinzona Hauptstadt des Kantons Tessin. Mit der Eröffnung der Gotthardbahn 1882 trug der Tourismus zur wirtschaftlichen Entwicklung bei.

WAS TUN IN LOCARNO?

Durch die Altstadt bummeln
Zentrum und Herz der Stadt ist die von Laubengängen und farbenfrohen Patrizierhäusern gesäumte, kopfsteingepflasterte **Piazza Grande** 1 mit Cafés, Geschäften und Restaurants. Hier findet der allwöchentliche **Markt** 🛈 statt. (Do 9–17 Uhr) Im Sommer gibt es auf dem Platz Open-Air-Konzerte, im Winter (Dez./Jan.) verwandelt er sich in eine Eislaufbahn (www.locarnoonice.ch) und zum Filmfestival wird die Piazza zum schönsten ›Kinosaal‹ der Welt. Hier münden auch die Gässchen, die von der autofreien Altstadt mit stattlichen Patrizierhäusern aus dem 16. und 17. Jh. hinabführen. Im schönen Arkadenhof der **Casa Rusca** 2, der Pinakothek der Stadt, sind Skulpturen aus der Sammlung des Dadaisten Hans Arp und wechselnde Ausstellungen zu sehen (Piazza San Antonio, www.museocasarusca.ch, Di–So 10–12 u. 14–17 Uhr, Eintritt 12 sFr). Großmächtig soll die Burg von Locarno gewesen sein, bevor sie im 16. Jh. geschleift wurde. Im 20. Jh. wurde, was vom doch noch imposanten **Castello Visconteo** 3 blieb, restauriert. Die Räume im Kastell beherbergen das Museo Civico e Archeologico (Archäologisches Museum) mit einer Sammlung römischer Gläser, Keramiken und Reliefs. Im zweiten Stock befindet sich ein Raum zur Geschichte der Locarno-Verträge zur Friedenssicherung in Europa (Piazza Castello 2, April–Okt. Di–So 10–12 u. 14–17 Uhr, Eintritt 10 sFr).

Am Wasser spazieren
Es lohnt sich, in beide Richtungen zu gehen: nach Osten in Richtung Minusio unter Palmen, Magnolien, Kamelien

Tessin ▶ Locarno

Von der auf einem Felssporn gelegenen Kirche Madonna del Sasso genießt man einen weitläufigen Blick auf den See und Locarno.

und anderen südlichen Pflanzen, vorbei an einladenden Cafés, Restaurants und Hotels und in die andere Richtung zu den Jean-Arp-Gärten und weiter zum Kamelienpark. Der ist natürlich im März/April am schönsten, wenn die meisten der etwa 850 Sorten blühen (März–Sept. 9–18, Okt.–Febr. bis 16.45 Uhr, Eintritt frei, nur während der Ausstellung Camelie Locarno im März Eintritt 10 sFr).

Zum Wahrzeichen Locarnos pilgern
Madonna del Sasso 4

Weithin sichtbar thront die Wallfahrtskirche Madonna del Sasso wie eine Burg über der Stadt. Das Wahrzeichen Locarnos entstand dort, wo im Jahre 1480 Fra' Bartolomeo von Ivrea die Muttergottes erschien. Eine Via Crucis führt zur wunderschön gelegenen Wallfahrtskirche und zur Klosteranlage aus dem 17. Jh. (ca. 40 Min. Fußweg, man erreicht sie auch über die Straße oder per Seilbahn nach Orsellina). Das wichtigste Werk ist eine Darstellung der Flucht nach Ägypten von Bartolomeo Suardi – genannt Bramantino – aus dem Jahr 1522. Die reiche Ex-Voto-Sammlung zeugt von der großen Marienverehrung, rührende Bilder erzählen von Wunderheilungen und Rettungen.

SEHENSWERTE KIRCHEN

Ein Ort der Stille
Basilica San Vittore 5

Wenige Schritte vom Bahnhof entfernt steht die nach San Nicolao in Giornico wichtigste romanische Kirche des Tessins. An der Südseite befindet sich ein Marmorrelief des hl. Viktor zu Pferd. Das Innere birgt Teile eines bei den Restaurierungsarbeiten in den 1980er-Jahren entdeckten romanischen Freskenzyklus (12. Jh.). Hinter dem Hauptaltar sind Fragmente eines gotischen Freskos zu sehen. Die Säulen der Hallenkrypta haben reich geschmückte Kapitele. Der wuchtige Campanile (16. Jh.) wurde 1932 nochmals erhöht.
Via della Collegiata, Muralto

Ein Kleinod auf dem Friedhof
Santa Maria in Selva 6

Kleine, unscheinbare, aber kunsthistorisch interessante Kirche auf dem

LOCARNO

Sehenswert
1. Piazza Grande
2. Casa Rustica
3. Castello Visconteo/ Museo Civico e Archeologico
4. Madonna del Sasso
5. Basilica San Vittore
6. Santa Maria in Selva

In fremden Betten
1. Villa Novecento

Satt & glücklich
1. Gran Caffè Verbano
2. Ristorante Vallemaggia

Stöbern & entdecken
- Markt

Wenn die Nacht beginnt
1. Bar Mono

Sport & Aktivitäten
1. Lido Locarno

Friedhof. Von der ursprünglichen Kirche blieb nur der Chor erhalten. Die Fresken, ein prachtvolles Beispiel höfischer Gotik (um 1400), stellen die Krönung Mariae, Christi Geburt, eine Schutzmantelmadonna und eine Kreuzigung zwischen schönen Blumenmotiven dar.
Via Valle Maggia

SCHLEMMEN, SHOPPEN, SCHLAFEN

In fremden Betten

Kleines Bio Hotel
Villa Novecento 1
Sechs helle, schlichte Zimmer in einer über hundertjährigen, nach baubiologi-

schen Prinzipien renovierten Villa, umgeben von einem kleinen Garten. Susan Engelhard Herder betreut und berät ihre Gäste aufs Beste. Reichhaltiges Bio-Frühstücksbüfett, bei gutem Wetter genießt man es draußen unter der Pergola.
Via A. Buetti, Muralto, T 091 743 45 93, www.novecento.ch, DZ mit Frühstück 170–210 sFr (mind. 2 Übernachtungen)

Satt & glücklich

Ein Logenplatz
Gran Caffè Verbano
Leider sitzt man nicht in der Sonne, was bei Hitze allerdings von Vorteil ist. Dafür hat man aber den schöneren Blick auf die Häuserzeile der Piazza Grande. Gute

Tessin ▶ Locarno

Piazza Grande auf Rädern– hier auf dem Weg zu Swissminiatur in Melide, südlich von Lugano

aperitivi und mittags ein Tagesmenü für 18–24 sFr oder große Salatteller (18–25 sFr, auch vegetarisch). Abends Tatar in vielen Variationen (ca. 30 sFr)

Piazza Grande 5, T 091 752 00 15, http://bar-verbano.ch, Mo–Sa 7–22.30 Uhr, So geschl.

Essen mit Herz
Ristorante Vallemaggia
Hier bekommen Sie nicht nur gutes Essen, sondern Sie unterstützen auch die Fortbildung und Integration von Menschen mit Behinderungen. Ein Team von Fachleuten arbeitet Hand in Hand mit Sozialpädagogen. Jeden Tag gibt es ein anderes köstliches, schön präsentiertes Mittagsmenü (auch ein vegetarisches Gericht), nach dem Motto Schlichtheit und Tradition.

Via Varenna 1, T 091 752 00 01, www.ristorantevallemaggia.ch, Mo–Fr mittags, Do und Fr auch abends (Gourmetmenü), Mittagsmenü 23 sFr, nur Hauptgericht 15 sFr, Abendmenü 58 sFr

🎒 Stöbern & entdecken

Das grüne Herz
Markt
Großer Markt mit über 100 Ständen auf der Piazza Grande.
April–Okt. jeden Do 9–17, Nov./Dez. 9–16 Uhr, Febr./März alle zwei Wochen

☀ Wenn die Nacht beginnt

Hier rockt Locarno
Bar Mono
Beliebte, belebte Bar. Neben einer großen Auswahl an Bieren, Whiskeys und Weinen gibt es auch gut zubereitete

---

> **A AUSFLUG**
>
> Ein schönes Ausflugsziel zu jeder Jahreszeit für Groß und Klein ist der Berg **Cardada-Cimetta** über Locarno, den Sie mit einer vom Architekten Mario Botta entworfenen Luftseilbahn von der Stadt aus erreichen können. Verschiedene Übernachtungs- und Verpflegungsmöglichkeiten (www.cardada.ch).

INHALTE STATT GLAMOUR

Seit 1946 findet im August in Locarno das kleinste der großen Filmfestivals statt. Zehn Tage lang laufen hier vor einem heterogenen, offenen Publikum nicht die großen Kassenschlager, sondern ca. 300 engagierte, mutige Filme aus aller Welt, oft im Originalton. Verliehen wird ein sehr begehrter Leopard. Der Wettbewerb ist vor allem dem jungen Film gewidmet. Locarnos Internationales Filmfest ist ein überschaubares und spannendes Treffen für Cineasten, Produzenten und den Nachwuchs der Branche, auch wenn glamouröse Auftritte von Stars nicht fehlen. Ein Highlight sind die allabendlichen Open-Air-Vorführungen auf einer riesigen Leinwand auf der Piazza Grande vor bis zu 8000 Zuschauern (www.pardo.ch).

Kleinigkeiten zu essen, wie Hamburger, selbstgemachte Falafel … An Wochenenden DJs und oft auch Livekonzerte.
Via Antonio Ciseri 19, www.monobar.ch, Di–Do 17–1, Fr/Sa bis 2 Uhr

Sport & Aktivitäten

Für jeden etwas
Lido Locarno ❶
Riesige Anlage mit Hallen- und Freibädern, Thermalbad, Wasserrutsche, Fitnesscenter, Restaurant und Snackbar.
Via Respini, T 091 759 90 00, www.lidolocarno.ch, ca. 8.30–21 Uhr

INFOS UND TERMINE

Organizzazione Turistica Lago Maggiore e Valli: Piazza Stazione, T 0848 09 10 91, www.ascona-locarno.com, März–Okt. Mo–Fr 9–18, Sa 10–18, So 10–13.30 u. 14.30–17, Nov.–Febr. Mo–Fr 9.30–12 u. 13.30–17, Sa 10–12 u. 13.30–17 Uhr, So geschl. Hier erhalten Sie auch Prospektmaterial und detaillierte Veranstaltungskalender.
Kamelienfest: Ende März, www.camellia.ch
Ticino Musica: Ende Juli, www.ticinomusica.com. Festival der klassischen Musik in Locarno, Ascona und im Maggiatal
Internationales Filmfestival: erste Augusthälfte, Auskunft: Via Ciseri 23, T 091 756 21 21, www.locarnofestival.ch (nur auf Englisch und Italienisch).

IN DER UMGEBUNG

Wild und ursprünglich
Nördlich von Locarno öffnen sich drei ursprüngliche Täler, jedes eine kleine Welt für sich: **Centovalli, Vallemaggia** und **Val Verzasca** (▶ S. 30). Bevor Staudämme und Elektrizitätswerke gebaut wurden, waren die reißenden Bergflüsse eine ständige Bedrohung für die Bewohner. Um sich vor den Überschwemmungen zu retten, bauten sie die Dörfer in den Hang. Das Leben in diesen nur schwer zugänglichen, schroffen Tälern mit ihren kargen Böden war für die oft bitterarme Bevölkerung sehr hart. Viele mussten auswandern oder zur Saisonarbeit ihre Heimat verlassen. Kaminfeger arbeiteten in Mailand, Maurer und Steinmetze verdienten sich in anderen Ländern ihr Brot. In liebevoll eingerichteten ethnografischen Museen und auf Themenwegen werden Kultur, Gebräuche und diese nicht allzu ferne Geschichte vermittelt.

LESETIPP

Das Jugendbuch **»Die Schwarzen Brüder«** von Lisa Tetzner (Film von Xavier Koller) erzählt die Geschichte von einem kleinen Jungen aus dem Verzascatal, der als Kaminkehrer nach Mailand verkauft wird.

Bahnreise und Kreuzfahrt – **Lago Maggiore Express**

Der Lago Maggiore Express verspricht einen unvergesslichen Ausflug über Berge, durch Täler und über das Wasser. Mit der Bahn und dem Schiff lassen sich zahlreiche Ziele ansteuern, die einen Eindruck geben vom Facettenreichtum der Landschaften rund um den See.

Gutes Wetter und klare Sicht sind Voraussetzung für diese einen oder zwei Tage dauernde Rundreise. Man bekommt in geballter Form (und übrigens auch günstig) alles zu sehen, was diese Region so besonders macht: die Mischung aus mediterraner Pflanzenpracht am Westufer und auf den Inseln, das raue Ostufer, die Bergwelt und ihre Täler und dahinter die schneeschimmernden Alpen.

Die Reise kann an einem beliebigen Ort und in beide Richtungen beginnen. Am besten starten Sie in Stresa oder Locarno. Studieren Sie jedoch die Fahrpläne, um zu sehen, ob und wo man Halt machen kann und ob es weiterführende Züge oder Schiffe gibt. Sie sollten auch möglichst früh starten. Machen Sie diese Rundfahrt besser nicht an einem Wochenende und auch nicht im August, denn dann ist das Gedränge groß.

Bahnfahren at its best

Nur ein paar Hundert Schritte auseinander liegen in **Locarno/Muralto** 1 die Schiffsanlegestelle und der Bahnhof der Centovalli-Bahn (Centovallina). Die Reise mit der kleinen Schmalspurbahn mit großen Panoramafenstern dauert knappe 2 Stunden. Über 800 Höhenmeter klettert die Bahn die Centovalli hinauf in das Hochtal Val Vigezzo und windet sich dann am Ende der Fahrt in engen Serpentinen wieder hinunter nach Domodossola. Sie rattert über mehr als 80 Brücken und durch mehr als 30 Tunnel.

Domodossola 3 besitzt einen hübschen, mittelalterlichen Kern mit engen Gassen. Herz ist

Die in den 1920er-Jahren eingeweihte Bahnlinie Locarno–Domodossola stellte eine Verbindung zwischen der Gotthard- und der Simplonstrecke sowie zwischen dem Tessin und dem Wallis her.

Im Schornsteinfegerort **Santa Maria Maggiore** 2 treffen sich am ersten Septemberwochenende die Amtsbrüder aus ganz Europa. Ein kleines Museum dokumentiert die Geschichte dieses rußigen Berufes (Museo dello Spazzacamino, Parco Villa Antonia, T 0324 90 56 75, www.museospazzacamino.it).

die Piazza del Mercato mit Arkaden, Loggien und schönen Häuserfronten aus dem 15. und 16. Jh.

Die letzte Etappe führt mit dem normalen Zug durch das Toce-Tal von Domodossola nach **Stresa** 4. Vom Bahnhof in Stresa gelangt man zu Fuß (ca. 10 Min.), mit Bus oder Taxi zur Schiffsanlegestelle.

Per Schiff vorbei an morbider Schönheit

Per Schiff lässt man die riesigen Belle-Epoque-Hotels an der Seepromenade von Stresa an sich vorüberziehen. Verfallene, schöne Villen mit verwilderten Gärten säumen das Ufer, manche Anlegestellen präsentieren sich als Jugendstilbauten aus Schmiedeeisen und Glas. Es geht vorbei an den **Borromäischen Inseln** (▶ S. 66), am **Kloster Santa Caterina del Sasso** (▶ S. 88), den **Castelli di Cannero, Carmine Superiore** und der pittoresken bunten Häuserzeile von **Cannobio** (▶ S. 48). Die **Isole di Brissago** (▶ S. 42) locken mit ihren riesigen Sumpfzypressen am Ufer. Und auch **Ascona** (▶ S. 33) präsentiert sich ganz anders vom See aus. In **Locarno** 1 schließlich ist die Rundreise beendet.

INFOS

Lago Maggiore Express: Fahrkarten an den Haltestellen der Rundreise, 34 €/38 sFr für einen Tag (Kinder 17 €/19 sFr), Zweitageskarte 44 €/50 sFr (Kinder 22 €/25 sFr). Am zweiten Tag gilt die Karte auch für alle anderen Schiffsverbindungen. Für den Grenzübertritt ist ein gültiger Ausweis nötig. Ende März–Mitte Okt. Do–So/Fei, Juni–Aug. auch Mo/Di. Schifffahrt ca. 3 Std., Centovallibahn 2 Std., Zug von Domodossola nach Stresa ca. 45 Min., www.lagomaggiore express.com

Faltplan: C/D–G 1–7 und Karte 2 | Fahrzeit Schiff und Zug gesamt ca. 6 Std.

Centovalli/Valle Vigezzo D–F 1/2

Es gibt tausendundeine Möglichkeit, schöne Ausflüge in diese Täler zu unternehmen, denn sie sind mit Zügen und auch Seilbahnen bestens erschlossen.

Dichte Wälder
Kurz hinter Ponte Brolla, nach der 70 m hohen Brücke über die Melezza vor Intragna, beginnt das eigentliche Centovalli-Tal. **Intragna** mit dem schönen alten Kern hat den höchsten Kirchturm des Tessin (65 m). *Rustici* mieten und das Tal kennenlernen können Sie im **Cento Rustici**, einem kleinen Laden auf der zentralen Piazza mit Lokalprodukten. Inhaber Stefan Früh ist die Ansprechperson für Ferienwohnungen und vor allem ortskundig wie kein anderer. Er bietet Führungen an und bringt einem die Geschichte und Kultur des Tessins näher (Piazza Municipio, T 091 780 74 40, www.centorustici.ch).
Man riecht das hinter der Seilbahnstation versteckte **Grotto Maggini** schon von Weitem, wenn Fabio seine Kaffeebohnen auf dem Holzfeuer röstet. Neben Kaffee bekommen Sie bei ihm auch Tessiner Spezialitäten, wie *gnocchi*, *luganega* und eigene Kreationen, wie *risotto al caffè* (22 sFr) oder ›Tiramisu‹ mit *farina bona* (Via Cantonale, 10, T 091 796 36 85, Mi–Sa 10–14 u. 17.30–22, So 10–22 Uhr).

ÜBRIGENS
Die Bergdörfer **Bordei** und **Terra Vecchia** bestanden nur noch aus verlassenen Ruinen, als Jürg Zbinden in den 1970er-Jahren begann, sie mit Hunderten von Jugendlichen aus schwierigen Verhältnissen wieder aufzubauen. Heute sind sie beliebte Wanderziele.

SCUOLA TEATRO DIMITRI
In dem kleinen Steindorf **Verscio** (F 1) residiert die vom berühmten, 2016 verstorbenen Clown Dimitri gegründete Scuola Teatro Dimitri mit eigenem Ensemble. Das kleine Museo Comico im ersten Stock zeigt eine Sammlung von Instrumenten, Fotos, Plakaten, Requisiten und einem Heer von Elefanten aus aller Welt. Gespielt wird von März–Okt. An Vorstellungstagen werden Besucher ab 17 Uhr im Foyer des Theaters und im Innenhof vor und nach den Vorstellungen verköstigt. Man wird von Studenten der Dimitri-Schule in heiterer Atmosphäre bedient (Auskünfte T 586 66 67 80, www.teatrodimitri.ch, Mo–Fr 9–12 Uhr).

Im Haus Maggetti aus dem 17. Jh, wohnte die Familie, die die Kaminfegerkinder des Centovalli verdingte. Heute ist das Heimatmuseum **Museo Centovalli e Pedemonte** ein Labyrinth mit einem roten Faden, der einen treppauf, treppab durch das verwinkelte Haus führt und von den Lebensbedingungen des armen Tals erzählt (T 091 796 25 77, www.museocentovallipedemonte.ch, April–Okt. Di–So 14–18 Uhr, 5 sFr, auch Wechselausstellungen).
Eines von vielen lohnenden Zielen ist auch das kleine graue Steindorf **Bordei**. Man erreicht es entweder auf dem steilen, kurvenreichen Sträßchen über Palagnedra oder von Verdasio aus zu Fuß und mit der Seilbahn über **Rasa** (ca. 1,5 Std.).
Im alten Schmugglerdorf **Palagnedra** lohnt der als Sakristei benutzte Chor der kleinen Pfarrkirche einen Besuch: Hier ist ein Freskenzyklus von Antonio da Tradate zu bestaunen (Ende 15. Jh.).

Essen und schlafen
Osteria Bordei
Hier können Sie Ruhe, Natur und Tessiner Küche genießen. Gemütliche Zimmer in renoviertem Gebäude.

Palagnedra, T 091 780 80 05, www.osteria.bordei.ch, Ostern bis Mitte Okt., Di geschl., DZ ab 140 sFr

❶ Infos
Pläne und Informationen gibt es bei: **FART La Biglietteria** am Bahnhof von Locarno, T 091 751 87 31, www.centovalli.ch und bei www.ascona-locarno.com (▶ S. 21). Centovallina resp. Vigezzina (▶ S. 22). Zum Wandern empfehlen sich eine Schweizer Nationalkarte (Maßstab 1:25 000 oder 1:50 000) und die »Quadra Concept«-Karten (▶ S. 110).

Valle Onsernone

Karte 2, C/D 5

Das abgelegene Seitental der Centovalli hat Dichter und Künstler angezogen und war für viele Intellektuelle während des Zweiten Weltkriegs ein Refugium. Da man das Gelände mühsam erklimmen muss, blieb es bewahrt. Kleine Dörfer kleben an der Sonnenseite des wilden Tals, in denen es verschiedene Unterkunftsmöglichkeiten gibt.

Der Fluss **Isorno** hat herrliche Badestellen, zu denen man hinabklettern muss.

In einer anderen Welt
Alfred Andersch und Max Frisch lebten u. a. in Berzona. Man kann auf den Spuren des Herrn Geiser aus »Der Mensch erscheint im Holozän« hinüber ins Maggiatal wandern oder auf steilem Weg zur malerischen **Alpe Salei** steigen (Karte 2, C 5, auch mit der Seilbahn von Vergeletto aus erreichbar).
Im Hauptort **Loco** (14 km von Locarno entfernt) gibt es ein Heimatmuseum mit volkskundlichen Exponaten, insbesondere den für das Tal typischen Strohflechtereien (Museo Onsernonese, T 091 797 10 70, April–Juni Mi, Do, Sa/So 14–17, Juli–Okt. Mi–So 14–17 Uhr).
70 Jahre lang standen die Mühlen im Onsernonetal still, bis Ilario Garbani sie restaurierte und wieder mit der Produktion der *farina bona* (›leckeres

Der smaragdgrüne, mehr als zwei Kilometer lange Stausee von Palagnedra ist ein beliebtes Fotomotiv.

Tessin ▶ Vallemaggia

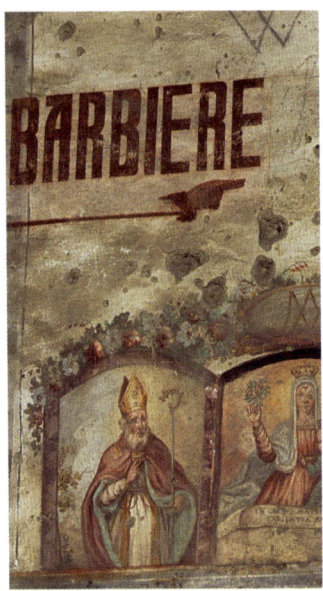

Gute Pflege für Körper und Geist

Mehl‹), eines gerösteten Maismehls, begann.

🏠 Hier kommt man zur Ruhe
Cas in Scima

Kurz vor Barione führen Stufen an einem Kirchlein vorbei hinauf zu einem schön restaurierten Haus aus dem 17. Jh. (10–15 Min. Gehzeit). Brigitta und Markus bieten hier zwei große, schöne Gästezimmer mit gemeinsamem Bad und versorgen Sie auch mit Tipps.

Ortsteil Barione in Mosogno, T 079 737 26 15, www.palazzobarione.ch, DZ 110 sFr, Mindestaufenthalt 2 Nächte

🏠 Energie tanken
B&B da Toldo

Drei Gästezimmer in altem, liebevoll restauriertem Tessiner Haus mit gemeinsamem Bad, Wohnzimmer, Küche und Wintergarten. Zum Frühstück gibt es selbst gebackenes Brot, und mit Vorbestellung bereitet Assunta Toldo auch ein Abendessen vor (im Ort gibt es ansonsten auch zwei gute Restaurants, das Ristorante della Posta und die Osteria Bar Amici).

Russo, T 091 780 60 56, mobil 078 893 57 65, www.datoldo.ch, DZ ab 130 sFr

❶ Infos
Infopoint in Auressio, T 091 797 10 00, www.onsernone.ch, www.ascona-locarno.com

Vallemaggia

📖 Karte 2, C–E 3–5

Nach der Schlucht von Ponte Brolla beginnt die Vallemaggia, das größte der Täler hinter Locarno. In diesem weiten, sonnigen und flachen Tal kann man wandern, Rad fahren, an vielen Stellen in der Maggia ganz herrlich baden und auf kulturelle Entdeckungen gehen.

Ein Wanderparadies

Sehen Sie sich in **Maggia** (📖 Karte 2, E 5) die kleine Kirche Santa Maria delle Grazie mit Fresken aus dem 16. Jh. an. Vom Haupttal zweigen verschiedene, sehr lohnende Seitentäler ab. Im Juli/August finden auf den schönsten Plätzen der Taldörfer und in den *grotti* des Vallemaggia Konzerte statt (www.magicblues.ch). Ab **Cevio** (📖 Karte 2, D 4) teilt es sich in fünf verschiedene Seitentäler. Bevor Sie sich für eines entscheiden, werfen Sie doch einen Blick auf die Patrizierhäuser aus dem 16. und 17. Jh. und auf

BADEN

Gleich zu Beginn des Vallemaggia, auf der anderen Flussseite hinter dem Albergo Centovalli und dem Grotto America ist ein paar Hundert Meter weiter eine schöne Badestelle mit tiefem Wasser, in dem man herrlich schwimmen kann.

die Fassade des Gerichtsgebäudes, auf der die Landvögte ihre Familienwappen verewigten. Auch das Museo di Valmaggia ist einen Besuch wert (T 091 754 13 40, April–Okt. Di–Sa 13.30–17 Uhr, 6 sFr).

Wundern Sie sich nicht, wenn Sie hinter Ponte Brolla Leute mit Helm und Seil treffen. Sie suchen die beliebten Kletterfelsen auf.

Wild, steil und steinig
Val Bavona
Im hübschen **Cavergno** (Karte 2, D 3) zweigt das ursprünglich gebliebene wasser- und steinreiche Val Bavona ab (www.bavona.ch). Man beachte die vielen Splüi, in die Felsen und unter riesige Felsbrocken gebaute Behausungen für Mensch und Tier.

Nahe dem rauschenden Wasserfall in **Foroglio** (Karte 2, C 3) speist man gut im Restaurant La Froda, seit den 1930er-Jahren bekannt durch einen Film von Leni Riefenstahl (T 091 754 11 81, www.lafroda.ch, April bis Anf. Nov. tgl.). Am Talende in **San Carlo** (Karte 2, C 2) führt eine Seilbahn auf 2000 m Höhe nach **Robiei** (www.robiei.ch, Mitte Juni–Anf. Okt.). Man kann auch in etwa 4 Std. auf einem der Sentieri di Pietra, dem ›Weg der Transhumanz‹, zurück nach Carvegno oder Bignasco wandern.

Marmor und Granit
Val Lavizzara
Hinter **Bignasco** (Karte 2, D 3) beginnt das Val Lavizzara. Bei **Peccia** (Karte 2, D 2), dem einzigen Ort im Tessin, in dem Marmor gebrochen wird, führt die sich steil windende Straße über **Mogno** nach **Fusio** in eine alpine Welt. An der **Scuola di Scultura di Peccia** des Bildhauerehepaares Naef kann man

---

STEINWEGE

Sentieri di Pietra
So heißen 28 Wanderwege, die besondere landschaftliche und kulturelle Aspekte der Vallemaggia thematisieren. Broschüren sind bei Vallemaggia Turismo erhältlich, ebenso wie der Führer »Magic secrets« (www.vallemaggiasecrets.ch).

Kunstkurse (auch für Einsteiger) besuchen. Es gibt verschiedene Unterkunftsmöglichkeiten (T 091 755 13 04, www.steinbildhauen.ch).

Sehenswert ist in **Mogno** die Kirche S. Giovanni Battista, die der Tessiner Architekt Mario Botta in den 1990er-Jahren mit weißem Marmor und grauem Granit aus den Brüchen der Gegend erbaut hat. Sie steht genau an der Stelle, wo die alte Kirche ein paar Jahre zuvor von einer Lawine zerstört wurde (ganzjährig geöffnet 9.30–17 Uhr, außer bei starkem Schneefall).

⌂ Einfach
Es gibt zwei **Campingplätze** in Avegno und in Gordevio, verschiedene **Berghütten** und in Aurigeno das **Baracca Backpacker,** ein altes Holzhaus am Waldrand mit Gemeinschaftsküche (mobil 07 92 07 15 54, www.hostel-aurigeno.ch, April–Okt., ab 34 sFr/Pers.).

Der Autor Plinio Martini war ein Lehrer aus Cavergno. Sein Buch »Nicht Anfang und nicht Ende« erzählt von einem Jungen aus dem Bavonatal, der um 1927 von Armut getrieben nach Kalifornien auswandert (Limmat Verlag, Zürich 2016).

Tessin ▶ Vallemaggia

🏠 Umweltfreundlich
Eco-Hotel Cristallina
In diesem Hotel mit auch von Ortsansässigen viel besuchten Restaurant wird Ökologie groß geschrieben. Gemüse und Obst sind biologisch im eigenen und in Gärten der Umgebung angebaut. Neben Fleisch- und Fischgerichten auch vegetarische und vegane Menüs. Großes Angebot an Pizzen.
Coglio, T 091 753 11 41, www.hotel-cristallina.ch, Mi und Mitte Dez.–Mitte März geschl., Hauptgerichte 23–28, DZ ab ca. 130 sFr

🏠 Wohlfühlort
Casa Martinelli
Die Deutschschweizerin Monika Gmür hat ein ehemaliges reiches Bürgerdann Zollhaus in ein Boutique-Hotel verwandelt. Im Altbau gibt es zwei Einzelzimmer und wo einst der Stall stand, hat Architekt Luigi Snozzi einen Neubau mit acht Doppelzimmern entworfen. Sie sind minimalistisch eingerichtet, haben eine große Fensterfront, bieten Ruhe und Natur. Garten mit Feuerstelle, Hängematte, Tischen. Ein Wasserfall mit Bademöglichkeit ist 10–15 Gehminuten entfernt. Gäste haben einen Schlüssel zur Cantina und können sich jederzeit selbst bedienen (auf Vertrauensbasis).

WALSERDORF

Bosco Gurin (📖 Karte 2, B 4) ist mit 1507 m das höchstgelegene bewohnte Dorf im Tessin, und das einzige, in dem »Ditsch«, das Walliserdeutsch, gesprochen wird. (www.bosco-gurin.ch). Im Museum Walserhaus werden die Geschichte der Migration im 13. Jh. und die Lebensart der aus dem Wallis stammenden Walser erzählt, die ihre Traditionen, ihre Bauweise, Legenden und Lebensart mitbrachten, jahrhundertelang bewahrten und nun mit der Globalisierung riskieren zu verlieren (T 091 754 18 19, www.walserhaus.ch, April–Okt.).

Maggia, Via Cantonale Vecchia 60, T 091 760 90 51, www.casa-martinelli.ch, DZ ab ca. 208–268 sFr je nach Saison und Aufenthaltsdauer, Frühstücks- bzw. Brunchbuffet auch für Nichtgäste (nach Anmeldung) mit lokalen Produkten 25 sFr

🍴 Nein, keine Hamburger
Grotto America
Dieser Grotto heißt America, weil hier Ende des 19. Jh. die Emigranten ihr letztes gemeinsames Mahl einnahmen, bevor sie nach Amerika auswanderten. In den Felsen hinein gebaut, hat dieser bekannte Grotto neben der Maggia großen Charme. Im Sommer oft Livekonzerte.
Ponte Brolla, Via ai Grotti 71, T 091 796 23 70, www.grottoamerica.ch, April–Okt. Mo 18–24, Di–So 11–24, warme Küche 12–14:30, 18–21.30 Uhr

Hinter dem Grotto America führt ein Stufenweg zu einigen echten alten *grotti*.

🍴 Authentisch
Grotto Franci
In der Küche und im Keller unter dem Felsen wirkt Priska aus der Deutschschweiz. Wie es sich für einen echten Grotto gehört, speist man an Steintischen unter großen Rosskastanien *polenta* und trinkt Americanello, einen leichten Tessiner Wein. Abends sitzt man um ein Lagerfeuer, oft gibt es Livemusik.
Cevio, Via ai Grotti 17, T 079 890 56 25, www.wood-n-spoon.ch, Ende Mai–Okt.11–23 Uhr, Mo und bei schlechtem Wetter geschl., Polenta mit Gorgonzola 16 sFr, Spare Ribs 24 sFr

🍴 Ein echter grotto
Grotto Pozzasc
Von allen gelobt, von allen besungen, denn in dem wunderschön am Fluss gelegenen, einstmals als Mühle genutzten Haus tischen Claudia und

Christian beste Tradition der Tessiner Alpen auf, wie über dem Feuer gekochte Polenta mit Spezzatino und lokale Käsesorten. Weit reisen auch die Einheimischen, um hier zu speisen, denn das Preis-Leistungs-Verhältnis stimmt.
Peccia, T 091 755 16 04, www.pozzasc.ch, Ostern–Mitte Okt. Di–So 11.30–20.30 Uhr

🛍 Kunsthandwerk und Infos
Artis
Hier finden Sie Manufakte von etwa 60 Tessiner KunsthandwerkerInnen aus Granit, Marmor, Holz, Filz, Wolle, Keramik, Stroh sowie hier angebaute Weine und gebraute Biere. Auch Informationsstelle für das Tal.
Maggia, Al Crosell 2, T 091 754 18 16, Mo–Fr 9–12 u. 14–18, Sa –17 Uhr

ℹ Infos
Ascona-Locarno Turismo: Avegno Centro Punto Valle, Via Vallemaggia 10, www.vallemaggia.ch, Okt.–Mai Mo–Fr 9–12, 14–18 Uhr, in den Sommermonaten auch Sa vormittags.

Val Verzasca
📖 Karte 2, E/F 4/5

Das Tal eignet sich für gemächliche Ausflüge, aber auch für Aktivurlauber, die anspruchsvolle Höhenwege bewältigen, mit dem Mountainbike unterwegs sind, klettern oder tauchen. Wie in allen Tälern waren Armut und Abwanderung groß. In noch vor 30 Jahren entvölkerten Orten beginnen heute junge Leute wieder von Landwirtschaft und Tourismus zu leben.

Riesenmauer
Sie können mit dem Auto (im Sommer wegen Parkplatzproblemen besser mit dem Bus) durch die steile, bewaldete Verzascaschlucht hinauf ins Tal und bis ins letzte Dorf Sonogno fahren, vorbei an der beeindruckenden 220 m hohen Staumauer, hinter der sich der 7 km lange und bis zu 200 m tiefe fjordartige Lago di Vogorno erstreckt.

Die alten grauen rustici in Sonogno wurden jüngst um einen modernen Anbau erweitert. Hier erfährt man alles zur Wanderweidewirtschaft (Transhumanz).

Wandern und Baden – **Ausflug ins Verzascatal**

Eine leichte Wanderung im etwa 25 km langen smaragdgrünen Gebirgstal mit alten grauen Steindörfern ist sicher kein Geheimtipp, aber sehr lohnend. An heißen Tagen kann man zwischen großen, vom Wasser glatt geschliffenen und grün schimmernden Gneisfelsen ganz wunderbar baden.

›Sentierone‹ heißt der alte Saumweg, der bis **Sonogno,** zum hintersten Ort des Tals führt. Man kann ihn talauf- oder abwärts gehen und mit dem Bus zurück oder von unterwegs weiter fahren. Startpunkt kann auch der kleine Ort **Mergoscia** sein (etwa 3 Std. Gehzeit bis Lavertezzo, 7 Std. bis Sonogno). Von hier geht es durch Kastanienwälder zum Bergnest **Corippo** 1: Die unter Denkmalschutz stehende, kleinste Gemeinde des Tessins hat etwa zehn Einwohner, aber dennoch einen Bürgermeister, ein Rathaus, eine Kirche, und einem winzigen Friedhof. Brauchen Sie eine kleine Erfrischung? Kurz vor Corippo geht es links runter zu einer alten Mühle, dahinter ist eine kleine Gumpe mit einem Wasserfall. Bald nach Corippo erreicht man die Verzasca und wandert ab jetzt mehr oder weniger immer an ihr entlang.

Beliebtes Fotomotiv

In **Lavertezzo** tummeln sich viele Touristen, denn die doppelbögige, fälschlicherweise auch Ponte Romano genannte Brücke **Ponte dei Salti** 2 ist wohl eins der meist fotografierten Motive im Tessin. Der Mittelpfeiler der eleganten grauen Natursteinbrücke ruht auf einem mächtigen Gneisfelsen im Flussbett. Die rundgeschliffenen Felsformationen in dem wie flüssige Jade wirkenden Wasser sind an dieser Stelle besonders schön und laden zum Baden ein.

Verwitterte Kunstobjekte im Wald

»Un Sentiero per l'Arte« 3, ein Wanderweg der Kunst, heißt die Strecke vom Ponte dei Salti bis nach

Hinter dem geschlossenen Kirchenensemble mit Campanile, Pfarrhaus und Beinhaus in Mergoscia befindet sich am Boden ein kleiner runder Deckel ohne irgendeinen Hinweis: Hier ist das geografische Zentrum des Tessins.

Den wilden Bergfluss sollte man beim Baden nicht unterschätzen. Das Wetter in den Bergen kann sich plötzlich ändern, der Wasserpegel steigen und die Strömung zunehmen!

Ausflug ins Verzascatal #2

Ganne kurz vor Brione. Hier haben Künstler insbesondere aus der Schweiz, Deutschland und Italien Werke geschaffen, Spuren hinterlassen, Zeichen gesetzt – ein Natur-/Kulturpfad mit Kunstobjekten am Wegesrand. Der Weg verläuft zwischen Fluss und Wald. Anders als die Land-Art der 1960er-Jahre in den USA sind die heutigen Werke keine zyklopischen Eingriffe mehr, sondern minimalistische Zeichen eines neuen ökologischen Bewusstseins. Manche werden wieder zur Natur und bleiben nur noch in der Erinnerung.

Kurz vor **Brione** 4 passiert man noch eine Wolfsfalle, **Lüera delle Ganne,** doch der letzte Wolf wurde hier vor über 100 Jahren gesichtet!

Spätestens in Sonogno können Sie sich eine Polenta mit Schmorbraten oder einen Minestrone gönnen.

Es könnte sein, dass Sie plötzlich Menschen mit Tauchausrüstung begegnen: Der Fluss Verzasca gehört zu den »100 schönsten Tauchplätzen der Welt«.

INFOS

Anfahrt: mit PKW oder Bus, Busse fahren ab Locarno Via Tenero bis Sonogno. Stichwort »nachhaltiger Tourismus«: Um das Dorf vor dem Aussterben zu bewahren, wird Corippo ab 2020 zu einem *albergo diffuso:* Dabei werden auf das Dorf verteilte Zimmer und Wohnungen einer zentralen Hotelverwaltung unterstellt mit einer gemeinsamen Rezeption im ehemaligen Restaurant.

KULINARISCHES FÜR ZWISCHENDRIN

Unterwegs gibt es in jedem Ort Einkehrmöglichkeiten, Hängebrücken über den Fluss führen dorthin.
Grotto Efra 1: Via Redorta, T 091 746 11 73, www.grottoefra.ch, Mai–Mitte Okt tgl. 11–23 Uhr. Etwas außerhalb von Sonogno neben einem Wasserfall, 10 Min. Fußweg, Autos dürfen zum Parkplatz fahren. Es gibt immer Polenta, dazu Schmorbraten, *pesce in carpione* (▶ S. 11), Käse und im Herbst Pilze und Wild. Fast alles kommt aus der Gegend, möglichst von kleinen Herstellern. Bei Kälte lodert ein Feuer im Kamin.

Faltplan: Karte 2, E/F 4/5

An der Staumauer wurde 1995 eine Szene für den James-Bond-Film »Goldeneye« gedreht. Heute stürzen sich hier mutige Bungee-Jumper in die Tiefe.

Das Dörfchen **Sonogno** (Karte 2, E 3) ganz hinten im Tal wirkt mit seinen renovierten *rustici* wie ein Freilichtmuseum. Ein kleines Heimatmuseum erzählt vom harten Leben der Kaminkehrer (T 091 746 17 77, Mai–Okt. Di–So 11–16 Uhr, 7 sFr, Kinder bis 16 Jahre 4 sFr). In der Casa della Lana gibt es handgesponnene, natürlich gefärbte Schafwolle und Strickwaren zu kaufen.

Abstecher zu zwei Kirchen
Im Hauptort **Vogorno** (Karte 2, F 5) wurde an der rechten Wand der langen, schmalen Kirche San Bartolomeo im gleichnamigen Ortsteil während Restaurierungsarbeiten ein byzantinisch anmutendes Fresko entdeckt, auf dem zehn strenge Gestalten mit Heiligenschein recht feierlich und beeindruckend wirken – trotz der eher primitiven Malweise eines unbekannten Künstlers.
In **Brione** (Karte 2, E 4) lohnt die mehrmals umgebaute Pfarrkirche Santa Maria Assunta einen Besuch, denn sie birgt einen frühen, fragmentarisch erhaltenen Freskenzyklus im Stil der Giotto-Schule (um 1350). Wie und woher der unbekannte Maler ins abgelegene Tal kam, ist bis heute ein Rätsel.

Ein Ort zum Auftanken
Centro Lungta
Drei winzige renovierte ehemalige *rustici* dienen als Zimmer, die Gäste benutzen das gemeinsame Bad in einem der Häuser. Julie und Hervé leben hier mit ihren Kindern, arbeiten mit tibetischer Medizin und bieten Kurse, Seminare und Ausstellungen an.
Mergoscia, T 091 730 99 91, www.lungta.ch, DZ mit Frühstück (mit Früchten aus dem Garten) 85 sFr (fleisch-, rauch- und alkoholfrei)

Feriendorf
Rustici della Verzasca
Gleich am Anfang des Tals liegt das Feriendorf Rustici della Verzasca, ein winziges, enges, verwinkeltes Steindorf am Hang mit 17 verschieden großen Wohneinheiten, einer Sauna, einem gemeinsamen Aufenthaltsraum und Kinderspielplatz.
T 091 745 10 81, www.rustici-verzasca.ch, Ferienwohnung für zwei Pers. ab 120 sFr

Im kleinen Rustici-Dorf
Osteria Paradiso
Seit ein paar Jahren ist die gemütliche Osteria mit einer von Wein bedeckten Terrasse auf drei Ebenen in den Händen von Tatiana und Silvan. Auf den Tisch kommen saisonale Tessiner Gerichte wie Risotto und Polenta. Man blickt auf den Lago di Vogorno und sieht kaum die darunterliegende Straße.
Vogorno, T 091 745 10 81, www.osteriaparadiso.ch, April–Okt. Do–Di 10–23 Uhr, Mi geschl., Gerichte 15–40 sFr, z. B. Kaninchen mit Polenta 28 sFr

Infos
Ascona-Locarno Turismo: Tenero, Via Brere 3a, T 091 759 77 44, www.ascona-locarno.com, April–Okt. Mo–Fr 9–12 u. 13.30–18, Juni–Sept. auch Sa/So 13.30–17 Uhr, in den Wintermonaten nur nachmittags. Hier erhalten Sie Broschüren zu ethnografischen Wanderungen.

Aus dem Verzascatal stammt eine autochthone Ziegenrasse, die schwarze, widerstandsfähige Nera Verzasca, die man auch in den Tälern des Luinese antrifft.

Tessin ▶ Ascona

Anfang des 20. Jh. wurde der Monte Monescia zum Monte Verità.

Ascona

📖 G 1, Cityplan S. 36

Der beliebte Kur- und Erholungsort mit zahlreichen Spa- und Wellnessangeboten hat eine wunderbare Bilderbuchpromenade mit etlichen Cafés und Restaurants am See.

Die Verwandlung
Die Liste prominenter Namen, die zeitweise in Ascona gelebt haben, ist lang: Künstler und Literaten, charismatische und schillernde Persönlichkeiten, Flüchtlinge und Emigranten. Das einstige Fischerdorf (5000 Einw.) wurde erst im 20. Jh. berühmt, als zunächst Idealisten den Monte Monescia zu ihrem **Monte Verità** 1 (▶ S. 34) machten. Diesen folgten vermögende Großindustrielle, die auch die Künste förderten. In den 1930er-Jahren fanden im Haus der Eranos-Gründerin Olga Fröbe-Kapteyn in Moscia am See die ersten Tagungen statt, an denen Menschen- und Religionsforscher wie C. G. Jung und Karl Kerényi teilnahmen. Während des Zweiten Weltkriegs und danach zog es viele Schriftsteller, wie Max Frisch, Hermann Hesse, Erich Maria Remarque, Robert Neumann, Hans Habe … ins Tessin. Doch dann verwandelte sich Ascona in einen mondänen Kurort, vor allem für deutsche Vermögende.

WAS TUN IN ASCONA?

Durch die Altstadt schlendern
Heute reihen sich im autofreien Ascona Hotels an Cafés, feine Boutiquen an Kunstgalerien und Luxusrestaurants. Der Ortskern mit der schönen, lang gezogenen Seepromenade Piazza Motta und den dahinter liegenden Sträßchen und Innenhöfen ist relativ intakt geblieben, auch wenn Gärten Lokalen mit schönen Pergolas weichen mussten.
Die Kirche **SS. Pietro e Paolo** 2 aus dem 16. Jh. dominiert mit ihrem hohen Campanile das Stadtbild. Im Inneren sind Bilder des einheimischen Künstlers Giovanni Serodine aus einer bekannten Künstlerfamilie zu sehen. An derselben Piazza steht die schöne **Casa Serodine** 3, ein Patrizierhaus aus dem 17. Jh. Seine prächtige Fassade zieren Stuckdekorationen und Figuren von Giovanni Battista Serodine.

Deutsche Einwanderer sorgten für Furore – **Monte Verità**

Vom Berg der Wahrheit predigte man freie Liebe, Vegetarismus, Kommunismus, Anarchie und mehr. Heute ist aus dem Ort des Bürgerschrecks ein Tagungszentrum samt Hotel, Restaurant, Kulturprogramm und Museum geworden.

Ohne den **Monte Verità** [1] wäre Ascona vielleicht ein unbedeutendes Fischer und Handwerkerdorf geblieben. Erst Künstler und Intellektuelle aus aller Welt – darunter zahlreiche Deutsche – machten es über die Schweizer Grenzen hinaus bekannt. Anfang des 20. Jh. sorgten diese Einwanderer für Furore, als sie vom Monte Verità Anarchie, freie Liebe, anthroposophisches Gedankengut, Kommunismus, Vegetarismus etc. verkündeten.

Hippies ante litteram

Der belgische Fabrikantensohn Henri Oedenkoven und die Münchner Pianistin Ida Hofmann gründeten zu Beginn des 20. Jh. auf dem ›Berg der Wahrheit‹, dem eine besondere Energie zugeschrieben wird, eine Art Kommune. Zu diesen ersten Aussteigern gesellten sich Theosophen, Bohemiens, Anarchisten, Dadaisten und Expressionisten, die hier eine neue Lebensform frei von gesellschaftlichen Konventionen und Zwängen erproben wollten. Sie lebten in Licht-Luft-Hütten, ernährten sich vegetarisch, trugen weite, sack-

Auf dem Monte Verità trafen sich Wegbereiter des modernen Ausdruckstanzes.

artige Kleider oder auch gar keine und wurden zum Magneten für alle, die von einer besseren Gesellschaft träumten: Sowohl für politisch Andersdenkende, die eine klassenlose Gesellschaft, Gewaltlosigkeit, die Emanzipation der Frauen, die Rechte der Arbeiter predigten, als auch für die, die ein naturnahes Leben fern der dekadenten Großstädte suchten. Es entstand auch ein Kurbetrieb für an der Zivilisation Erkrankte. Doch die kleine Gesellschaft hat nicht lange überdauert, sie hatte zu viele Seelen. 1920 zogen die Gründer nach Brasilien.

Vom Zufluchts- zum Pilgerziel

1926 erwarb der Privatbankier Eduard von der Heydt den Hügel. Der große Kunstsammler zog Bauhauskünstler, wie Gropius, Breuer und Schlemmer, an den See und ließ ein Hotel im Bauhausstil errichten. Die Region war bis zum Krieg ein kreatives Zentrum für Künstler und auch Zufluchtsort für viele, die das Nazideutschland verließen. In den 1950er-Jahren wurde Ascona, die »Republik der Heimatlosen, der Verfolgten und des Subproletariats« (Erich Mühsam), vom Tourismus entdeckt. Seither hat es sich als Erholungsort etabliert. 1964 erbte der Kanton Tessin den »Hügel der Utopien«.

Monte Verità heute

Aus dem Ort des Bürgerschrecks wurde ein Tagungs- und Seminarzentrum, außerdem ein Pilgerort für jene, die Utopien bestaunen wollen. Die **Casa Anatta,** das einstige Haupthaus aus Holz, wurde in ein Museum verwandelt, das uns seine Geschichte erzählt und den Geist, der hier einst wehte, näherbringt. Man kann auch eine Licht-Luft-Hütte, die **Casa Selma,** besichtigen, in der ein Film über die Geschichte des Monte Verità läuft, und stolpert an den Freiluftduschen vorbei, die wie ein Relikt aus jener Zeit noch dastehen.

TEE HIER?

Etwa 100 Jahre nach der Gründung des Monte Verità wurde im Jahr 2006 wieder ein Teehaus eröffnet, in dem man an einer **japanischen Teezeremonie** teilnehmen kann. So kehrt etwas von der einstigen Lebensanschauung in Form von kleinen Teeblättern zurück. Die dafür verwendeten Grüntee-Blätter wachsen gleich vor Ort. Die kleine Grüntee-Plantage ist ein Schaugarten nach japanischem Vorbild. Die Produktion ist nicht für den Verkauf gedacht, da die Ernte viel zu klein ist.

INFOS
Monte Vérità 1: www.monteverita.org; Museum Casa Anatta: April–Anfang Nov. Mi–Sa 14–18, So 10–13 u. 14–18 Uhr, 12 sFr

Teezeremonie:
www.casa-del-te.ch, April–Okt. 1. und 3. Sa im Monat 18 Uhr, Dauer 90 Min., 45 sFr (Anmeldung unter T 091 791 43 00)

Faltplan: G 1 | Cityplan S. 36

ASCONA

Sehenswert
1. Monte Verità
2. SS. Pietro e Paolo
3. Casa Serodine
4. Collegio Papio
5. Museo Epper
6. Museo Comunale d'Arte Moderna
7. Castello San Materno

In fremden Betten
1. Hotel Arcadia
2. Albergo Ristorante Zelindo

Satt & glücklich
1. Osteria Nostrana
2. Grotto La Risata
3. Gelateria Sole

Stöbern & entdecken
1. Libreria Ascona

Wenn die Nacht beginnt
1. Teatro San Materno
2. Beach Ascona
3. Jazz Cat Club

Sport & Aktivitäten
1. Grande Lido di Ascona

KIRCHEN UND MUSEEN, DIE LOHNEN

Spätgotische Fresken
Collegio Papio 4
Das Collegio Papio, heute ein privates Gymnasium, hat einen großen, öffentlich zugänglichen Renaissance-Innenhof. Vom Hof tritt man in die Kirche Santa Maria della Misericordia mit Fresken aus dem 14.–16. Jh. (gelegentlich Konzerte). www.collegiopapio.ch

Museum und Kulturzentrum
Museo Epper 5
Das Atelier des Ehepaares Ignaz und Mischa Epper zeigt Holzschnitte, Aquarelle und Zeichnungen des Schweizer Expressionisten, Skulpturen seiner Frau und interessante Ausstellungen. Zur Zeit versuchen Kunstfreunde zu verhindern, dass das Museum vom benachbarten Luxushotel gekauft wird.
Via Albarelle 14, www.museums.ch, April–Juni, Sept., Okt. Di–Fr 10–12, 15–18, Sa/So 15–18, Juli/Aug. Di–Fr 10–12, 20–22, Sa/So 20–22 Uhr

Kleines Museum
Museo Comunale d'Arte Moderna 6
Dieses Museum wurde mit den gestifteten Werken in Ascona lebender Künstler, vor allem von den expressionistischen Malern Marianne Werefkin und Richard Seewald gegründet. Neben den permanenten Sammlungen gibt es wechselnde Austellungen.
Via Borgo, 34, www.museoascona.ch, März–Juni, Sept.–Dez. Di–Sa 10–12 u. 15–17, Juli/

Aug. 10–12 u. 16–19, So 10.30–12.30 Uhr, 7 sFr, Kombiticket mit Museum San Materno 12 sFr

Museum in der Burg
Castello San Materno 7

Von dem im 16. Jh. geschleiften Castello San Materno sind nur Überbleibsel einer romanischen Burgkapelle mit einer freskierten Apsis geblieben. Frisch restauriert fungiert es als Teil des Museo Comunale und beherbergt Gemälde von Impressionisten und Expressionisten. Gegenüber steht das in den 1920er-Jahren für die Tänzerin Charlotte Bara errichtete **Teatro San Materno**.

Via Losone 10, T 091 759 81 60, März–Juni, Sept.–Dez. Do–Sa 10–12 u.14–17, Juli, Aug. 16–19, So 14–16 Uhr, Eintritt 7 sFr

SCHLEMMEN, SHOPPEN, SCHLAFEN

In fremden Betten

In Strandnähe
Hotel Arcadia 1

Das von Familie Bolz geführte Haus liegt ruhig, nahe zum Golfplatz und zum Lido. Gute Küche, auch Tische draußen.
Via Patrizia 47, T 091 791 10 15, www.arcadia.li, DZ mit Frühstück ab 130 sFr

In Ruhe wandern
Albergo Ristorante Zelindo 2

In dem blitzblank polierten alten Steindorf Arcegno steht dieses ruhig gelegene Haus. Es gibt zehn kleine, einfache Zimmer und ein Restaurant. Wendy empfängt Sie und serviert. Ihr Mann Andrea regiert in der Küche, sehr beliebt sind seine vielen *gnocchi*-Variationen. Bei gutem Wetter sitzt man auf der Terrasse und, wenn es sehr heiß ist, an Steintischen unter schattenspendenden Bäumen neben der Bocciabahn.

Arcegno, Via E. Pestalozzi 17, T 091 791 34 46, www.zelindo.ch, April–Okt., Restaurant Mi geschl., DZ mit Frühstück 156 sFr

 Satt & glücklich

Auch für Einheimische
Osteria Nostrana ❶

Die Osteria an der touristischen Flaniermeile direkt am See ist auch bei Einheimischen beliebt. Man kann auch nur einen Teller Pasta oder eine Pizza bestellen, große Auswahl an Tessiner und italienischen Weinen.

Piazza Motta, T 091 791 51 58, www.osteria-nostrana.ch, tgl. 9–24 Uhr

Urgemütliche ehemalige Mühle
Grotto La Risata ❷

Kurz vor dem Ort Arcegno steigt man ein paar Stufen hinunter über den rauschenden Bach zu diesem Grotto. Man sitzt an großen Steintischen unter einer Weinpergola, bei schlechtem Wetter finden höchstens 18 Personen drinnen am Kamin des kleinen Gebäudes Platz. Max versogt seine Gäste mit Gnocchi, Lasagne, Ravioli, Polenta, Verschiedenem vom Grill und guter Laune.

Etwas außerhalb in Losogne, Via Cantonale 15, T 091 792 15 14, T 079 685 36 66, www.grottolarisata.com, April–Okt. wetterabhängig Mo geschl., Mitte Juni–Mitte Aug immer geöffnet, Gerichte ab 18 sFr

Lust auf ein Eis?
Gelateria Sole ❸

Xhani hat in Italien die Kunst des Eismachens erlernt.

Via Borgo 22, Mitte März–Mitte Okt. 10–19.30, Mai–Aug. bis 22 Uhr

Die gekappten Platanen an der Uferpromenade von Ascona bieten im Sommer ein schattiges Dach.

Stöbern & entdecken

www.shoppingascona.ch
Markt: April–Okt. Di 10–17 Uhr, Piazza Motta; **Weihnachtsmarkt** Mitte Dez.

Lektüre für die Ferien
Libreria Ascona
Gern berät Sie Silvia Regolati, die seit acht Jahren die vor allem deutschsprachige Buchhandlung führt. Hier finden Sie natürlich Bücher von Tessiner Autoren und über das Tessin.
Via Borgo 30, T 091 792 31 33, www.libreriascona.ch

Wenn die Nacht beginnt

Tanz und mehr
Teatro San Materno
Das einzige Kammertheater aus der Bauhaus-Zeit wurde 2009 restauriert und ist wieder eine Tanz-Werkstatt mit interessantem Programm.
Via Losone 3, T 091 792 30 37, www.teatrosanmaterno.ch

Jazzig
Beach Ascona
Direkt am Lido von Ascona. Fruchtige Cocktails und jazzige Unterhaltung.
Via Lido 82, T 091 791 40 60, www.beachascona.ch

Herbst und Winter
Jazz Cat Club
Konzerte von Musikern der internationalen Jazz- und Bluesszene.
Via Muraccio 21, T 078 733 66 12, www.jazzcatclub.ch, Eintritt 30 sFr

Sport & Aktivitäten

Ausflugsziel für Familien
Grande Lido di Ascona
Schön für Groß und Klein ist der weitläufige Strand mit langer Wasserrutsche, Restaurant und Spielplatz.
Via Lido 81, T 091 780 55 70, Mai–Sept. 9–19 Uhr, Eintritt Erw. 6, Familie mit 2 Kindern 12 sFr

---

JAZZFESTIVAL

JazzAscona New Orleans & Classics: Ascona ist Schauplatz eines der wichtigsten Jazztreffen in Europa. Ende Juni/Anfang Juli finden während des zehntägigen Festivals über 20 Konzerte am Tag statt – auf den Piazzas, in Hotels

und Clubs–, und in der sonst ordentlichen Stadt ließt ein Strom der Unordnung durch die Straßen. Statt feierlicher Symphonien werden wilde Improvisationen geboten (ww.jazzascona.ch).

INFOS UND TERMINE

Organizzazione Turistica Lago Maggiore e Valli: Viale Papio 5, T 0848 09 10 91, www.ascona-locarno.com, März–Okt. Mo–Fr 9–18, Sa 10–18, So 10–14, Nov.–März Mo–Fr 9.30–12 u. 13.30–17, Sa 10–14 Uhr

Ascona bemüht sich auch um neue und jüngere Besucher. Neben klassischen Konzerten ist in der schönen Jahreszeit immer etwas los:
Karneval: Am Faschingsdienstag gibt es traditionell Gratis-Risotto auf der Piazza.
Straßenkünstlerfest: Ende Mai
Ticino Musica: Ende Juli, klassische Konzerte in Ascona und Locarno, www.ticinomusica.com
Internationales Springturnier: Ende Juli, www.csi-ascona.ch
Settimane Musicali: Ende Aug./Mitte Okt., Konzertreihe mit klassischer Musik, www.settimane-musicali.ch

IN DER UMGEBUNG

Wander- und Badeparadiese ...
... finden Sie in den wenige Kilometer entfernten Bergtälern (▶ S. 24).

Ein Balkon über dem See
Porto Ronco und Ronco 🗺 F 2
Vom Monte Verità in Ascona ist Ronco zu Fuß über den *sentiero alto* in ca. 1.30 Std. zu erreichen. Weiter kann man über die Via Barcone bis nach Brissago wandern (1.30 Std.) und mit dem Schiff über die Brissago-Inseln (▶ S. 42) zurück nach Ascona fahren.
Der Blick auf den Lago und der alte Dorfkern ist so bezaubernd, dass viele Deutsche hier Residenzen und luxuriöse Ferienhäuser gebaut haben. Neben der kleinen Kirche steht das Geburtshaus des Malers Antonio Ciseri (19. Jh.). Er malte überwiegend in Florenz, aber man begegnet seinen Werken auch in Tessiner Kirchen. Auf dem Friedhof von Ronco in Richtung Arcegno befinden sich die Gräber von Gerhart Hauptmann und von Erich Maria Remarque, dem Autor des Erfolgsromans gegen den Krieg »Im Westen nichts Neues«.

Brissago 🗺 F 2

Leider zerteilt die stark befahrene Hauptstraße das von Weitem schrecklich verbaut aussehende Brissago. Doch dass der Ort Geschichte hat, verraten uns seine beiden Renaissancekirchen am See, seine stattlichen Patrizierhäuser und die alten Steinhäuser am Hang.

Ungewöhnliche Geschichte
Über viele Jahrhunderte genoss der Grenzort (2000 Einw.) eine Sonderstellung im Kräftespiel der unterschiedlichsten Herrscher. Seit dem Mittelalter konnte er bis 1798 seine Sonderrechte als unabhängige Republik behalten. Bis die Uferstraße erbaut wurde, war die Gemeinde aus mehreren Weilern nur mit dem Schiff zu erreichen. Der untere Teil der drei Bergrippen *(coste)* ist leider stark verbaut, denn die geschützte Lage – der Monte Ghiridone hält kalte Winde ab – hat viele fremde Bauherren hierher gelockt. Doch geht man nur wenige Schritte hinauf, z. B. über die Stufen des Sacro Monte, befindet man sich fern von allem Trubel in schöner Natur mit etlichen Spazier- und Wanderwegen,

Von Ronco blickt man auf die grünen Juwelen des Tessins, die Brissago-Inseln.

Tessin ▶ Gambarogno

Von April bis Oktober können Sie jeden Donnerstag und Freitag an einer Führung durch die Zigarrenmanufaktur teilnehmen.

wie der zum »Goldregenwald« dem Bosco Sacro, der im Juni die Landschaft in ein gelbes Farbenmeer verwandelt. Berühmt wurde Brissago durch die Inseln (▶ S. 42), und die handgedrehten Brissago-Zigarren, die bereits seit 1847 in der schön gelegenen Fabbrica Tabacchi (heute Dannemann) direkt am Wasser hergestellt wurden.

🍴 Fisch essen und schauen

An der breiten Seepromenade, die in den 1960er-Jahren als Ausgleich zur Straße entstand, erwarten Sie zwei gute Fischrestaurants: die **Osteria Boato** (www.osteriaboato.ch, T 091 780 99 22, März–Okt. tgl. 9–15 u. 17–24 Uhr) und das Restaurant **Kalea** (www.restaurant-kalea.ch, T 091 793 13 28, tgl. 9–20 Uhr) mit schönem, weitem Blick über den See.

🍴 Gigantische Sicht
Osteria Borei

Hoch über Brissago gelegen, blickt man runter auf den See. Bekannt ist Borei für seine kleine aber feine Auswahl an Risotti und Tessiner Gerichten.

Via Ghiridone 77, T 091 793 01 95, www.osteriaborei.ch

ℹ️ Infos

Ascona-Locarno Turismo: Via Leoncavallo 25, T 08 48 09 10 91, www.ascona-locarno.com, Mo–Fr 9–12, 14 bis 18, Sa 9–12, Nov.–März Di–Fr 13.30–17 Uhr

Gambarogno 🗺 G 2

Gambarogno heißt der schmale, östliche, etwa 10 km lange Küstenstreifen unter dem gleichnamigen Berg, der sich bis zur

---

Der italienische Komponist Ruggero Leoncavallo hat einige Jahre seines Lebens in Brissago verbracht. Hier wurde er auch begraben. Bilder, Fotos, Partituren und die Rekonstruktion seines Arbeitszimmers kann man im Palazzo Branca-Baccalà besichtigen (www.leoncavallo.ch, Mitte März–Okt., Mi–Sa 10–12 u. 16–18 Uhr, Erw. 5, ermäßigt 3 sFr).

Paradiesgarten einer exzentrischen Baronin – **die Brissago-Inseln**

Gegen Ende des 19. Jh. kaufte Antonietta Baronin de St. Léger die unbewohnte Insel und verwandelte sie in einen wahren Paradiesgarten. Die im Freien wachsenden, exotischen Pflanzen stammen aus den verschiedensten Regionen der Welt.

Im Jahre 1885 erwarb die 30-jährige Antonietta Baronin de St. Léger (1856–1948) die im 16. Jh. von Mönchen verlassene Insel, die zu diesem Zeitpunkt von einheimischen Pflanzen überwuchert war. Sie ließ das Haus instandsetzen und das verwilderte Eiland in einen üppigen Garten verwandeln.

Schillerndes Leben

Die schöne, von der Männerwelt bewunderte Inselherrin führte ein von Legenden umwobenes, grandioses Leben mit vielen illustren Gästen. Die laut internationaler Flüsterpost uneheliche Tochter des russischen Zaren Alexander II. wurde 1897 von ihrem Mann verlassen, investierte ihr Vermögen in unrentable Projekte und war 1927 gezwungen, ihren Paradiesgarten zu verkaufen. Sie starb arm, vergessen und verschuldet im Altersheim von Intragna.

Mal eben auf Weltreise: Ein Spaziergang durch den Botanischen Garten führt durch alle Vegetationszonen.

Insel der Lüste

Etwa zur selben Zeit, als der Monte Verità schon dem Baron von der Heydt gehörte (▶ S. 34), kamen die Brissago-Inseln in den Besitz von Max Emden, Sohn eines Hamburger Warenhauskönigs. Der ließ das Haus der Baronin abreißen, eine luxuriöse neoklassizistische Villa errichten und den Park erweitern, ohne ihn jedoch wesentlich zu verändern. Fotos zeugen von einem eher unkonventionellen Leben, von Grazien, die den Garten schmückten, von prunkvollen Festen mit zahlreichen berühmten Gästen, die für Klatsch und Aufsehen sorgten.

»Paradies zu verkaufen«

So titelte 1949 der Spiegel, als Max Emdens Sohn die Isole di Brissago an den Kanton Ticino verkaufte. Sie wurden der Öffentlichkeit zugänglich, und staunend konnten zum ersten Mal nicht nur exklusive Gäste diese exotische Pflanzenwelt bewundern, von der man so viel gehört und gemunkelt hatte.

Der botanische Garten

Heute erwartet uns hier mitten im Lago Maggiore eine üppige Vegetation mit rund 1700 verschiedenen Pflanzenarten aus allen Vegetationszonen. Ein Schild wirbt: »Hier kann man in wenigen Stunden die Welt entdecken.« Und das ist wahr, denn ein Spaziergang führt uns auf eine kleine Weltreise durch botanische Kontinente, zu Pflanzen und Bäumen aus dem Mittelmeerraum, aus Amerika, Australien, Südafrika und dem fernen Asien. Und immer wieder schweift unser Blick auf die sehr nahen, hohen, im Frühjahr und Herbst oft schneebedeckten Berge. Welch ein Kontrast!

An der höchsten Stelle der kleinen Insel dient die elegante Villa Emden heute als Konferenzzentrum und Hotel-Restaurant.

Die kleine Nachbarinsel Sant'Apollinare, auch Kanincheninsel genannt, kann man nicht besichtigen. Auf ihr befinden sich Reste einer romanischen Kirche.

INFOS/ÖFFNUNGSZEITEN
Brissago-Inseln: T 091 791 43 61, www.isolebrissago.ch, Saison April–Okt. tgl. 9–18 Uhr, 8 sFr, Kinder (6–16 Jahre) 2,50 sFr

Die Linienschiffe des Lago Maggiore legen auf der Brissago-Insel an. Es gibt auch ein kleines Schiff von Porto Ronco nach Brissago, die Fahrzeit beträgt etwa 5–10 Min.

AUF DER INSEL ESSEN UND WOHNEN
Nicht ganz preiswert, aber traumhaft, die Insel fast für sich zu haben:
Ristorante-Hotel Villa Emden ❶: Café und Gaststätte mit mediterraner und internationaler Küche (T 091 780 54 25, Saison wie die Insel; auch am Abend auf Reservierung privater Taxitransport, Anlegestellen für Privatboote; 10 Zimmer, DZ 290 sFr).

Faltplan: F 2

italienischen Grenze zieht. Hier geht es eher ruhig zu, mit kleinen Hotels, Familienpensionen und Ferienapartments. Wie überall im Tessin kann man gut baden und wandern.

Abgeschiedenheit und Ruhe
Der historische Hauptort **Vira** mit seinen 600 Einwohnern war schon zu Etruskerzeiten besiedelt und früher ein Seehafen mit Zollrecht. Kleine Orte säumen das Ufer mit schönen Badestellen. Die Weinhänge dahinter steigen zu den am Hügel liegenden Orten und Wäldern hoch.
Es locken schöne Wege am Berg und das Naturschutzgebiet **Bolle di Magadino** am Ende der weiten Ebene des Ticino-Deltas, das viele kleine stehende Gewässer hat. Es ist eines der seltenen, noch teilweise intakten Ökosysteme, in dem zahlreiche Pflanzen- und Vogelarten ihr ideales Habitat gefunden haben. Sie können das Gebiet selbstständig auf Lehrpfaden erkunden oder nach Voranmeldung an einer geführten Besichtigung teilnehmen (T 091 795 31 15, www.bolledimagadino.com).

Wo Kamelien und Zitronen blühen
Parco Botanico del Gambarogno
Natürlich bietet das Frühjahr die üppigste Blütenfülle, aber man kann den Garten rund ums Jahr besichtigen. Auch Verkauf von Pflanzen.
Zwischen Piazzogna und Vairano, T 091 759 77 04, www.eisenhut.ch, tgl. 9–19 Uhr, Eintritt 5 sFr

🏠 Energie tanken
Albergo Sass da Grüm
Das nach baubiologischen Prinzipien errichtete *albergo* ist nur zu Fuß erreichbar, in 25 Min. von Vairano oder vom Parkplatz Monti di Vairano. Man kann an diesem ›Ort der Kraft‹ einen Urlaub mit viel Meditation und Entspannung verbringen.
In San Nazzaro, T 091 785 21 71, www.sassdagruem.ch, verschiedene Pauschalangebote mit Vollpension ab 4 Tagen ab ca 180 sFR/Pers.

🍴 Klein aber fein
Grotto La Baita
Ein kurviges Sträßchen führt hoch über Magadino nach Orgnana. Von der Baita am hintersten Ortsrand blickt man von der Terrasse auf den See und die dahinterliegenden Berge. Auf den Tisch kommen Schmorbraten, Salate, Käse und Aufschnitt aus dem Tessin, gute Weine.
Via Orgnana 75B, Magadino, T 091 780 43 38, www.grottolabaita.ch, Di–So 11.30–14 u. 18–23 Uhr, Hauptgerichte ab ca 25 sFR

PANORAMAWANDERUNG

Die Strecke von Tamaro (📍 H 2) nach Lema (📍 H 4) oder auch umgekehrt ist eine lohnende Höhenwanderung mit großartigem Panorama. Man startet jeweils von der Bergstation der Seilbahn in Rivera oder Miglieglia. Die Talstationen sind im Sommer mit einem Bus verbunden (5/6 Std., www.ticino.ch, »Höhenweg Monte Tamaro – Monte Lema« eingeben).

Tessin ▶ Gambarogno

In den Bolle di Magadino, wo Erde und Wasser sich durchdringen, haben sich einzigartige Biotope entwickelt.

🌀 Wandern
Ab Alpe di Neggia:
Auf den Monte Tamaro (ca. 1.45 Std.) und von dort aus weiter auf die Alpe Foppa (ca. 1 Std.). Dort steht die vom Schweizer Architekten Mario Botta entworfene Kirche S. Maria degli Angeli aus Beton mit Porphyr-Verkleidung. Von oben bietet sich ein fantastischer Rundblick!

Zur Berghütte in Alpetto:
Von Monte di Caviano führt ein steiler Weg nach Alpetto, einer besonders schönen Aussichtsloge auf den Lago Maggiore (ca. 2–2,5 Std., näher ist der Aufstieg vom Passo Forcora). In der Berghütte ohne Wärter kann man von Mai bis Oktober übernachten. Es gibt 10 Plätze, Dusche und Kochmöglichkeit. Reservierung nicht möglich. Schlafsack mitbringen (Infos zu Berghütten im Tessin: www.capanneti.ch).

❶ Infos und Termine
Organizzazione Turistica Lago Maggiore e Valli: Vira, T 091 759 77 04, www.ascona-locarno.com, Mo–Fr 9–12 u. 14–18, Juni–Okt. auch Sa 9–12, Juli/Aug. Mo–Fr 9–18, Sa 9–12 u. 15–17 Uhr

Für Musikfreunde: Im Juli gibt es in der mit Fresken von Richard Seewald geschmückten Kirche S. Carlo in Magadino ein Internationales Orgelfestival (www.organ-festival.ch).

IN DER UMGEBUNG

Ein kleines Labyrinth
Indemini 📖 G/H 2/3
Eine steile Straße führt über die Alpe di Neggia in diesen abgelegenen Schweizer Ort in der Val Veddasca nahe der italienischen Grenze. Das ›sterbende Dorf‹ war bis 1917, als die Straße nach Vira gebaut wurde, von der Außenwelt abgeschlossen und nur von Italien aus oder über steile Saumpfade erreichbar. Etwa 30 Menschen leben noch im ehemaligen Schmugglerdorf. Im Sommer beleben sich die kleinen, eng aneinanderstehenden grauen Steinhäuser. In einem Museum wird mit alten Fotos die Ortsgeschichte erzählt (Postbus ab Vira, ca. 45 Min.).

Piemontesisches Ufer

Das Westufer des Lago Maggiore mit dem milderen Klima, den üppigen botanischen Gärten, den direkt am See liegenden Orten, den prunkvollen Palasthotels und den vielen berühmten Gästen war schon immer das mondäne Ufer. Hier hatten und haben reiche Mailänder ihre Zweitwohnsitze.

Und doch finden Sie hier einsame Bergdörfer, spannende Wandermöglichkeiten und mit dem Nationalpark Val Grande das größte Wildernessgebiet Italiens.

Cannobio F 3

Cannobio eignet sich gut als Standort, denn es gibt eine Reihe angenehmer Hotels, Campingplätze, Wohnungen sowie Restaurants, Pizzerien und Bars. Viele Einwohner und Dienstleister sprechen Deutsch. Das liegt nicht nur am Tourismus, auf den man sich ganz eingestellt hat, sondern auch an dem Umstand, dass viele aus dem Norden hier ›hängengeblieben‹ sind. So verbindet sich italienischer Charme mit deutsch-schweizerischer Organisation.

Das Städtchen und seine Vergangenheit erforschen

Aus der Schweiz kommend, hat man hier gleich das Gefühl, in Italien zu sein. Es ist viel los auf den Straßen und Plätzen, brausender Verkehr teilt den Ort. Cannobio ist nicht groß (5100 Einw.), aber trotzdem ein richtiges Städtchen, es ist touristisch, hat aber seinen eigenen Charakter bewahrt. In der Oberstadt zeugt der **Palazzo della Ragione** , das *parasio* genannte Rathaus aus dem 13. Jh., von der machtpolitisch bedeutenden Position Cannobios im Mittelalter, als es eine wichtige Handelsstadt war. Auf der anderen Seite der Straße führen schmale, grob gepflasterte Gassen und Treppen in die Unterstadt am See. Dort erzählen Villen und Palazzi, Brunnen und Kirchen Cannobios Geschichte. Am Ufer ließ Carlo Borromeo die große **Renaissancekirche Santa Pietà** um das wundertätige Bild einer Pietà mit Blut weinender Madonna errichten. Das wichtigste Kunstwerk ist das Bild des großen piemontesischen Malers Gaudenzio Ferrari über dem Altar: Christus auf dem Kreuzweg.

›Dolce far niente‹ genießen

Eine lange, breite Promenade säumt das Ufer. Einladende Restaurants und Cafés haben ihre Tische unter den Arkaden und in der Sonne aufgestellt. Abends genießt man den Blick aufs Sonnenufer gegenüber. Auch hier zeugen Patrizierhäuser aus dem 16. und 17. Jh. von der reichen Vergangenheit Cannobios. Am Ende der Promenade befindet sich der Strand mit einer großen Liegewiese unter Schatten spendenden Bäumen. Kinder können hier wunderbar spielen und Sportler bei **Tomaso** ein Surfbrett oder Segelboot mieten.

SCHLEMMEN, SHOPPEN, SCHLAFEN

🏠 In fremden Betten

Besonderes Ambiente
Hotel Pironi ❶
Individuelle, stilvoll eingerichtete Zimmer in einem Palazzo aus dem 15. Jh. mitten im Ort. Freundliches und hilfsbereites Personal.
Via G. Marconi 35, T 032 37 06 24, www.pironihotel.it, DZ mit Frühstück 150/195 €

🍴 Satt & glücklich

Nicht nur für Campinggäste
Gourmet al Lago ❷
Es liegt versteckt auf dem Campingplatz Riviera hinter Zelten und

---

Ü ÜBRIGENS

Grotto Sant'Anna ❶: Insbesondere an heißen Sommertagen sitzt man gleich hinter dem gleichnamigen Kirchlein angenehm kühl an Steintischen und blickt auf die enge Schlucht. Der Name *Grotto* ist irreführend, denn es ist ein Restaurant mit einer kleinen Auswahl an gut zubereiteten Gerichten – sehr beliebt ist die Zwiebel-Tarte-Tatin (T 0323 706 82, Mitte März–Anf. Nov., Küche 12–13.30 u. 19–21.30 Uhr, Mo Ruhetag, ca. 30–50 €).

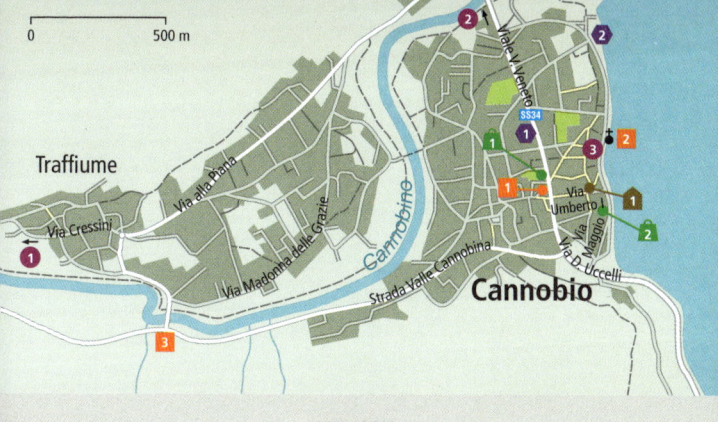

CANNOBIO

Sehenswert
1. Palazzo della Ragione
2. Santa Pietà
3. Fonte Acqua Carlina

In fremden Betten
1. Hotel Pironi

Satt & glücklich
1. Grotto Sant'Anna
2. Gourmet al Lago
3. Grottino Scurone

Stöbern & entdecken
1. La Tana del Gusto
2. Enoteca Bava dal 1901

Sport & Aktivitäten
1. Ciclioprezan
2. Tomaso Sail & Surf

Wohnmobilen. Hier kocht Mirco mit Liebe und guten Zutaten (das braucht natürlich seine Zeit), Angela und Sohn Riccardo bedienen. Besonders beliebt sind seine *risotti.* Nach Vereinbarung auch Risottokurse mit Verkostung für 2–5 Personen (auch auf Deutsch und Englisch, 55 €/Pers.).

Via Darbedo, 2, T 347 837 05 80, Mitte März– Mitte Okt. tgl. 18.30–22, Sa/So auch mittags, Gerichte 12–20 €

Keine Pizza, keine Pasta
Grottino Scurone 3

Das winzige, urgemütliche und familiengeführte Lokal liegt versteckt gleich hinter der Seepromenade. Hier wird nicht gekocht, sondern eine köstliche Auswahl an Käse- und Wurstsorten sowie geräucherten Fischen serviert. Dazu beachtliche Weine von kleinen Weinproduzenten. In der schönen Jahreszeit sitzt man in einem kleinen Innenhof, fernab vom Trubel.

Traversa Scurone 7, Piazza Vittorio Emanuele 3, T 348 888 19 16, 10–22 Uhr, Fr/Sa auch länger, Mi Ruhetag, im Winter Do–So geöffnet, gemischte Aufschnittplatte 16/20 €

 Stöbern & entdecken

Auf dem beliebten Sonntagsmarkt mit vielen Ständen und einem reichen Angebot an Käse und lokalen Produkten herrscht immer reges Leben. Leider haben die Märkte in Italien viel von ihrem Charme verloren, Produkte *Made in China* breiten sich immer mehr aus.

Erlesene Käse
La Tana del Gusto 1

Der Feinkostladen ›Geschmackshöhle‹ ist zwar klein, bietet aber eine hervorragende Auswahl an besonderen Käse- und Wurstsorten sowie Wein und Honig. Ivo spricht auch ein wenig Deutsch und wird Sie bestens beraten.

An der Hauptstraße, Via D. Uccelli 2, www.latanadelgusto.eu

Fabelhaft sortiert
Enoteca Bava dal 1901 2

Hier gibt es eine Auswahl bester italienischer Etiketten, auch von kleineren, wenig bekannten Produzenten.

PiazzaMaggio 27/28, www.casabava.com

Piemontesisches Ufer ▶ Cannero Riviera

🏄 Sport & Aktivitäten

Mountainbikes und Rennräder
Cicliprezan ❶
Alles rund ums Fahrrad: Verkauf, Beratung, Werkstatt und Verleih.
Via Veneto 9, T 0323 712 30, www.cicliprezan.it

Bruno Vareses Krimi **»Die Tote am Lago Maggiore«** spielt in und um Cannobio (KiWi, Köln 2016).

Wassersport-Zentrum
Tomaso Sail & Surf ❷
In Cannobio weht noch Wind, wenn auf dem restlichen See Flaute herrscht. Der Deutsche Thomas und seine italienische Frau bieten Windsurf- und Segelkurse, vermieten Boote und Zubehör und haben zudem ein Ohr für alle Bedürfnisse ihrer Kunden.
Parco Lido, T 0323 722 14, Mobil 33 37 00 02 91, www.tomaso.com

INFOS UND VERKEHR

Informationsbüro: im Palazzo Parasio, T 0323 712 12, www.procannobio.it, April–Sept. Mo–Sa 9–12 u. 16.30–19, So 9–12 Uhr, Okt.–März Do geschl. .
Summer City Bus: Von Mitte Juni bis Mitte Sept. (außer montags) zirkuliert in Cannobio von 18 bis 0.30 Uhr ein Bus, sodass man zum Restaurant- oder Barbesuch getrost sein Auto stehen und sich den guten, italienischen Wein schmecken lassen kann, Ticket 1 €.

IN DER UMGEBUNG

Wunderwasser am Wege
Valle Cannobina 📕 D/E 3
Das sonnige Tal verbindet die hoch gelegene Val Vigezzo, die italienische Seite der Centovalli, mit dem Lago Maggiore. Anspruchsvolle Radtouren und Wanderungen erwarten Sie hier. Kleine, abgelegene, einst nur zu Fuß begehbare und heute fast entvölkerte Orte am Hang sind über steile, kurvige Straßen erreichbar. Auch wer nicht die grüne Valle Cannobina erkunden will, sollte zumindest bis zum **Orrido Sant'Anna** fahren. Denn gleich am Anfang des Tals zwängt sich zwischen steilen Felswänden der Fluss Cannobino. Diese kleine Schlucht mit metamorphen Felsen, die sich in über 300 Mio. Jahren gebildet haben, ist ein Paradies für Geologen. Kleiner Badestrand. Hoch über der Schlucht steht die kleine **Kirche Sant' Anna**, mit einer Holzorgel aus dem 17. Jh.
Auf dem Weg zur Schlucht passiert man die **Fonte Acqua Carlina** ❸. Autos halten auf dem Parkplatz und Kenner eilen mit Flaschen zur Heilquelle. Ab Mitte des 19. Jh. gab es hier ein hydrotherapeutisches Zentrum. Heute sieht man nichts mehr davon, doch jeder kann sich das heilsame Wasser abfüllen.

Nicht nur für Wanderer
Empfehlenswert ist der bequeme Höhenweg zwischen Cannobio und Cannero über dem kleinen malerischen, nur zu Fuß erreichbaren Dörfchen **Carmine Superiore** (📕 F 4). Auf einen steilen Felsen gebaut, bot seine Häuserwand einst Schutz bei Gefahr. Die romanisch-gotische Kirche San Gottardo auf einem Felssporn birgt interessante Fresken (ca. 2,5 Std., zurück mit Schiff oder Bus).

Cannero Riviera

📕 E 4

Als ›Riviera‹ wird Canneros besonders geschützte, nach Süden ausgerichtete Bucht mit schönem Badestrand beschrieben. Der kleine Ort mit seinen rund 1200 Einwohnern, der von der Hauptstraße verschont wird, bewahrt mit engen gepflasterten Gassen, Laubengän-

Piemontesisches Ufer ▶ Cannero Riviera

Lucia Bello züchtet Zitrusfrüchte, darunter auch Zedrat-Zitronen.

gen und kleinen Geschäften seinen romantischen Charakter. An der gepflegten Seepromenade mit Hotels und Restaurants geht es ganz leise und gediegen zu.

Rund um die Zitrusfrucht
Cannero ist der nördlichste Ort Europas, an dem Zitrusfrüchte ganzjährig im Freien wachsen. Zur **Mostra degli Agrumi** Mitte März gibt es Ausstellungen und Konzerte. Viele öffnen ihre Gärten, in denen man die verschiedenen Zitrusarten bewundern kann, die sich auf den Speisekarten der Restaurants wiederfinden, in Kosmetika und in den *mursciulitt*-Keksen aus der Pasticceria ai Castelli am Dorfeingang.

Seeräuber-Burg
Castelli di Cannero
Nicht weit entfernt liegen nördlich von Cannero drei winzige Inseln mit geheimnisumwobenen, gespenstischen Burgruinen, die der Familie Borromeo gehören: Hier hausten im 15. Jh. die Brüder Mazzarditi, denen ein wüstes Piratenleben nachgesagt wird. 1414 wurden sie hingerichtet und das Schloss geschleift. Auch von der später hier erbauten Rocca Vitaliana blieb nur eine Ruine, die zurzeit restauriert wird.

⌂ Familiär geführt
La Rondinella
Kurz hinter der Ortschaft liegt das für Familien geeignete Hotel mit 13 Zimmern und drei Apartments im angrenzenden Nebenhaus. Besonderen Charme haben die beiden Zimmer mit Seeblick im obersten Stock der alten Villa. Von der schönen Terrasse mit Bar und Restaurantbetrieb (abends) sieht man auf Cannero und weit über den See. Stefano berät Sie bestens. Hunde sind hier erlaubt.
Via Sacchetti 50, T 0323 78 80 98, www.hotel-larondinella.it, DZ mit Frühstück 80/140 €, Wohnung für 2–4 Pers. 80/120 €, Restaurant So abends geschl., Tagesmenü 24 €

⌂ Stilvoll und gemütlich
Albergo Ristorante Il Cortile
Kleines Hotel-Restaurant unter Schweizer Führung in einer kleinen Gasse mitten im Ort. Gemütliche Zimmer mit Cottoböden und Holzdecken. Im Restaurant mit Innenhof wird gehobene italienische Küche serviert.

Piemontesisches Ufer ▶ Intra

Via M. d'Azeglio 73, T 0323 78 72 13, www.cortile.net, DZ mit Frühstück ab 110 €, Hauptgerichte 24–29 €

❶ Infos
Pro Cannero: Via Orsi 1, T 0323 78 89 43, www.cannero.it, März–Sept. tgl. 9–12.30 u. 15–18, Okt.–Jan. Di–Sa 9–12.30 Uhr

IN DER UMGEBUNG

Orte südlich von Cannero Riviera
Trarego 📖 E 4
Um den kleinen Ort, Zweitwohnsitz für viele Deutsche, kann man unzählige Spaziergänge und Wanderungen machen. Eine sehr schöne Initiative ist der Kunstpfad um Ostern. Dann öffnen viele Häuser ihre Türen und Gärten und stellen Werke auch namhafter Künstler aus. Von hier kann man das schmale, landschaftlich abwechslungsreiche Sträßchen nehmen, das sich die Berge durch Buchen-, Birken- und Kastanienwälder rauf- und runterwindet, immer wieder traumhafte Blicke auf den See oder die Täler gewährend.

Oggebbio 📖 E 5
Aus 15 kleinen Ortsteilen besteht Oggebbio, die sich vom Seeufer den Berghang hinauf erstrecken, mit Ferienhäusern und ruhig gelegenen Hotels. Man wandert schön auf den alten Maultierpfaden, die die Almen miteinander verbanden, und kommt durch kleine Orte mit gepflasterten Gassen. Sehenswert sind die Kirche Sant Agata in Novaglio, und Santa Maria in Gonte Cadessino mit einem ungewöhnlichem Abendmahl mit Kirschen und Krebsen. Von Piazza geht es in etwa 10 Min. zu Fuß nach Dumera, eine etwas verfallene Hofanlage, die bei Überfällen Schutz bot. An Ostern ziehen hier die Menschen aus Oggebbio vorbei, hinauf bis zur Cappella della Madonna Addolorata.

Ghiffa 📖 E 5
Auch Ghiffa besteht aus verschiedenen kleinen Ortsteilen am Hang. Hier lohnt der **Sacro Monte della Santa Trinità di Ghiffa** einen Besuch. Dieser Wall-

HÜTE

Im kleinen Hutmuseum **Museo del Cappello** in den Räumen der einstigen berühmten Hut-Fabrik Panizza sieht man Maschinen, Werkzeuge, Filme und natürlich Hüte und erfährt im Detail, wie aus einem Kaninchen ein Filzhut wurde (Ghiffa, Corso Belvedere 279, T 0323 592 09, www.museodellartedelcappello.it, April–Okt. Sa/So, Juli/Aug. auch Di u. Do 15.30–18.30 Uhr oder nach Voranmeldung, 1,50 €).

fahrtsort (UNESCO-Welterbe) oberhalb vom Ortsteil Ronco liegt inmitten eines 198 ha großen Naturreservats. Die Kirche und die drei Kapellen entstanden vom 17. bis 19. Jh. unter der Obhut der Mailänder Diözese. Heute dienen diese Orte der Besinnung vor allem Nicht-Pilgern. Ausgeschilderte Wege und ein Fitnessparcours führen durch den umliegenden Wald.

Verbania 📖 D 6
1939 vereinigte ein königlicher Erlass die vier Orte Pallanza, Intra, Suna und Fondotoce zur Gemeinde Verbania (35 000 Einw.), die damit zur wichtigsten Stadt am See wurde und sich auf der Halbinsel Castagnola bis weit in den See hinein erstreckt. Dank dem reichlichen, Energie spendenden Wasser (hier entstand das erste Elektrizitätswerk Italiens) und der nahen Eisenbahn entwickelten sich im 19. Jh. die Textil- und Werkzeugindustrie.

Intra 📖 D 6

In Intra legt die einzige Autofähre über den See nach Laveno am Ostufer ab. Schon früh entwickelte sich die Stadt zu einem Umschlagplatz für Waren aller Art. Insbesondere die Textilindustrie konnte hier Fuß fassen und bescherte

dem Ort im 19. Jh. den Beinamen ›Klein-Manchester‹. Die einstige Bedeutung der Stadt lässt sich kaum mehr erahnen, aber zwischen engen Gassen stößt man immer wieder auf Kleinode und prächtige barocke Bauten wie den Dom.

SCHLEMMEN, SHOPPEN, SCHLAFEN

 In fremden Betten

Schöner Innenhof
Il Chiostro
Freundlich geführtes, ruhig gelegenes Hotel mit 100 Zimmern in einem ehemaligen Kloster. In den Innenhöfen kann man verweilen, im dazugehörigen Restaurant einfach und günstig speisen. Gut geeignet für Gruppen und Familien.
Via Fratelli Cervi 14, T 0323 40 40 77, www.chiostrovb.it, DZ mit Frühstück ab ca. 90 €, Mittagsmenü unter der Woche 12 €

 Satt & glücklich

Drei Tipps außerhalb von Intra
Chi Ghinn
Drei Minuten zu Fuß! Das Auto lässt man auf dem Dorfplatz stehen. Wunderschön auf einem Berg über Verbania gelegen, Terrasse mit Seeblick. Die hervorragende Küche hat natürlich ihren Preis (Menüs 48/65 €). Sechs gemütliche Zimmer.
Via Maggiore 21/23, Beé, T 0323 56 326, www.chighinn.com, Mitte März–Ende Okt., 20.12–6.1., Restaurant tgl. mittags und abends, Di geschl. (reservieren, denn es gibt nicht viele Plätze), DZ mit Frühstück 110/150 €

Ai Mulini
Auch denen, die keine Glutenunverträglichkeit haben, schmeckt hier die Pizza. Der Name des Restaurants erinnert an die vielen Mühlen, die es hier einst gab. Es liegt außerhalb des Ortes am rauschenden Bach.
Arizzano, Via Albagnano 1, T 0323 55 12 60, Di–Sa ab 19 Uhr, So auch mittags

Hostaria del Pesce
Wenn man vorne auf der Terrasse sitzt, schweift der Blick weit über den See. Man muss mit viel Zeit kommen, dann wird man die Fischgerichte genießen.
Vignone, Via Circolo 1, T 393 464 45 20, Mi–Mo 18.30–22.30 Uhr, ca. 35 €

Eiskrem wie früher
Gelato d'Altri Tempi
Die kleine, etwas versteckte *gelateria* finden alle. Das Eis-Angebot ist groß und köstlich. Sandro hat schon mit Acht von seiner Großmutter gelernt, wie man

In den Gassen des kleinen, autofreien Ortskerns von Intra

Abgeschiedenes Paradies – **der Nationalpark Val Grande**

Der Nationalpark Val Grande gilt mit seinen 11 700 ha als das größte Wilderness-Gebiet Italiens. Und das nicht weit vom Trubel des Lago Maggiore und nur 100 km von Mailand entfernt!

ÜBRIGENS

Während des Zweiten Weltkriegs flohen viele Partisanen in das unwegsame Gebiet. Es kam zu brutalen Kämpfen. Dieses blutige Kapitel der Geschichte blieb unauslöschlich in der Erinnerung der Einheimischen (▶ S. 62). Die Zerstörung der Höfe und Almen führte zur endgültigen Landflucht aus einer Region, in der die Menschen jahrhundertelang während der Sommermonate gelebt und gearbeitet hatten.

Die Val Grande besteht aus zwei Haupt- und vielen Nebentälern. Ein Kranz von steilen, über 2000 m hohen Bergen schützt dieses unbewohnte, nahezu unzugängliche Gebiet. Das war nicht immer so. Früher diente das so unwegsame Gelände der Almwirtschaft. Um 1900 blühte der Handel mit Holz, das in den Wildbächen abgeflößt und über eine 10 km lange Lastseilbahn von Pogallo bis zum Fondotoce befördert wurde. Man sieht noch Teile dieser Schwebebahn und trifft auf Reste von mit Steinplatten gepflasterten Wegen.

Außenposten der Zivilisation

Cicogna 1 ist der einzige Ort in der Val Grande. Man kann ihn über eine sehr schmale Straße mit dem Auto erreichen. In den 1930er-Jahren lebten hier noch 700 Menschen, heute sind es weniger als 20! Hier finden Sie die **Infostelle Centro Visita,** den **Circolo Arci,** in dem man essen kann und Übernachtungsmöglichkeiten (s. u.).

Zeitreise durch eine vergessene Welt

Die durch das milde, feuchte Klima üppige Vegetation überwucherte in den letzten Jahrzehnten die alten Bergpfade und zerfallenen Almen und schuf eine raue, unendlich faszinierende Gebirgsregion, in der eine reiche Flora gedeiht: Laubmischwald (Kastanien, Eichen, Birken und Ahorn), weiter oben Buchen, Tannen und Fichten, eine Blumenvielfalt mit Narzissen, Nelken, Alpenrosen, Orchideen und Enzian. Reich ist auch die Fauna mit Gämsen, Schwarz- und Rotwild, Adlern und Niederwild.

Die Biwakhütte Bocchetta di Campo verfügt über 13 Schlafplätze.

Nationalpark Val Grande #5

In der Val Grande fallen reichlich Niederschläge. Es ist Vorsicht geboten, viele Flüsse und Wildbäche können plötzlich anschwellen. Die starke Erosion bildet tiefe, gefährliche und schwer zu überwindende Schluchten. Das Gebiet erfordert viel Erfahrung und Kondition. Da nur einzelne, unbewirtschaftete Biwakhütten existieren, oft sind es alte renovierte Steinhäuser, Verpflegungsstationen fehlen und nur wenige Wege markiert sind, blieb diese in Europa einzigartige Wildnis bislang bewahrt.

A ACHTUNG

In der abgelegenen Region ist weitgehend kein Mobilfunk möglich. Bleiben Sie ohne Führer nur auf den markierten Strecken, denn man kann sich sehr leicht verirren!

INFOS

www.parks.it/parco.nazionale.valgrande: ausführliche Seite mit vielen Infos, auch auf Deutsch
www.piemont-trekking.de: geführte Trekkingtouren mit dem deutschen Valgrande-Experten Tim Shaw
Wanderführer: Nationalpark Val Grande von Bernhard Herold Thelesklaf (Rotpunktverlag)
Karten: Geo4Map-Wanderkarte 14 oder Swisstopo-Karte Domodossola 1:50 000 (Blatt 285)

ÜBERNACHTEN IN CICOGNA

Ostello del Parco di Cicogna: T 03 23 08 62 68, 18 €/Pers., DZ 43–49 €, ganzjährig außer Febr.
B&B Cà del Pitur: Via Pozzolo 1, T 0323 197 68 01, 36 63 99 50 52, www.cadelpitur.it
Azienda Agricola Corte Merina: Loc. Merina, T 0323 197 51 64, www.cortemerina.it, Ziegenkäseproduktion mit Verkauf, Zeltstellplätze und Hütte mit fünf Schlafplätzen

Faltplan: C 4 | **Anreise:** ca. 10 km von Verbania

Piemontesisches Ufer ▸ Intra

Für den mühevollen Aufstieg wird man immer wieder mit traumhaften Ausblicken belohnt.

Zabaione macht. Er und Silvia produzieren ihr Eis täglich aus frischem Obst und ausgewählten Zutaten (ohne Chemie).
Vicolo San Fabiano 38, Anf. März–Ende Okt., 11–20 Uhr, im Sommer bis 23 Uhr

Einladende Tische
La Casera
Seit einigen Jahren bietet der prämierte Käseveredler Eros Buratti in seinem etwas versteckten Feinkostladen auch die Möglichkeit, seine Köstlichkeiten zu einem guten Wein an gemütlichen Holztischen zu verzehren (im Sommer auch draußen auf der Piazza). Käse- und Aufschnittteller 10/12 €, köstliche Panini ab 6 €.
Piazza Ranzoni 19, T 0323 58 11 13, www.formaggidieros.it, Mo–Sa 9–22, Mi bis 19 Uhr

ⓘ Gemütlich
Osteria del Castello
An einer kleinen Piazza nahe der Landungsstelle sitzt man draußen unter einer Glizinie an Steintischen, bei schlechtem Wetter drinnen in mit Flaschen und alten Fotos tapezierten Räumen. Große Weinauswahl, Käse- und Wurstteller sowie andere Gerichte.
Piazza Castello 9, T 0323 51 65 79, www.osteriacastello.com, Mo–Sa 12–14.30, 18–24 Uhr (Küche bis 22.30 Uhr)

Stöbern & entdecken

In der zentralen Via San Vittore und den umliegenden Sträßchen findet man Geschäfte und Kaufhäuser aller Art. Samstags macht der große Markt in Luino Konkurrenz (8–17 Uhr).

INFOS UND VERKEHR

Touristeninformation: in Intra, Piazza Ranzoni 40, T 0323 50 32 49, Mo–Sa 9.30–12.30 u. 15–17 Uhr, Juli/Aug. Mo–Do 10.30–13 u. 15–17.30, Fr/Sa auch 19–21 Uhr

IN DER UMGEBUNG

Wanderungen
Im Gebiet der Val Grande ▶ S. 54
Zu den Borromäischen Inseln ▶ S. 66

Pallanza 🗺 D 6

Das an Villen- und Parks reiche Städtchen ist berühmt für die Villa Taranto (▶ S. 58). Trotz des Tourismus konnte Pallanza Charakter und Eigenleben bewahren. An der Seepromenade und an der Piazza Garibaldi liegen Hotels und Cafés, dahinter beginnt die Stadt mit ihren Gässchen und Geschäften.

Fresken und Konzerte
Etwas außerhalb der Altstadt lohnt die **Kirche Madonna di Campagna** (Viale Azari 113). Vom romanischen Bau blieb nur der Glockenturm. Die Kirche wurde im 16. Jh. im Renaissancestil umgebaut, wohl von Giovanni und Pietro Beretta aus Brissago.

Ein Sohn der Stadt: In Pallanza kam 1850 Luigi Cadorna auf die Welt, ein berühmter General im Ersten Weltkrieg (▶ S. 62).

In der Via Ruga
Im **Museo del Paesaggio** im Palazzo Viani-Dugnani aus dem 17. Jh. sind Landschaftsbilder lombardischer und piemontesischer Künstler aus dem 19./20. Jh. ausgestellt, dazu Skulpturen u. a. von Nikolai Troubetzkoy, Sohn eines russischen Aristokraten und einer amerikanischen Künstlerin, der in Intra aufgewachsen ist. Seine Porträts bekannter Zeitgenossen wie Enrico Caruso, Leo Tolstoi, George Bernard

Auf dem Inselchen S. Giovanni vor der Punta di Castagnola (in Borromeo-Besitz) wohnte bis 1952 der Dirigent **Arturo Toscanini** in einem Palazzo aus dem 17. Jh.

Shaw und Giacomo Puccini sind weithin berühmt. Es gibt auch wechselnde Ausstellungen (Via Ruga 44, T 0323 55 66 21, www.museodelpaesaggio.it, ganzjährig).
In der Via Ruga finden Sie auch nette, kleine Geschäfte, nicht die üblichen Ketten. Werfen Sie einen Blick in die antiquarische **Buchhandlung Spalavera** (auch deutsche Bücher).

Zur kleinen Kirche San Remigio hinauflaufen
Das Kirchlein aus großen, grauen Steinquadern vereint rustikale Schlichtheit mit der Eleganz des hiesigen romanischen Stils. Es hat zwei asymmetrische Schiffe, vielleicht wegen der Felsformation, auf der es steht. Man nimmt an, dass die Kirche ursprünglich einem Schloss als Kapelle gedient hat, von dem sich aber keine Spur mehr findet.
Leider kann man die Kirche, die einige interessante Fresken vorzuweisen hat, nur sehr selten von Innen besichtigen. Aber der Weg lohnt sich trotzdem, denn man hat eine schöne Sicht auf den See (ca. 30 Min. zu Fuß von Pallanza).

🏠 Mit Liebe geführt
Albergo Villa Azalea:
Das von Enrico Leccardi geführte, ruhig auf dem Hügel gelegene Hotel besteht aus zwei Häusern mit Retrocharme: der Jugendstilvilla Azalea und der jüngst renovierten Villa della Quercia, beide mit alten Möbeln eingerichtet. Sie liegen mitten in einem großen Park, zum Teil mit Blick auf die

Englischer Garten auf Italienisch – **der Park der Villa Taranto**

Auch für Nichtbotaniker ist der Park der Villa Taranto ein Erlebnis. Großartig ist die Mischung aus englisch angelegtem Garten mit italienischem Klima samt Dekorationen, Brunnen und Statuen – und das mit Blick auf den Lago!

Auf der sanft hügeligen Halbinsel Castagnola standen früher Kastanienwälder. Zu Beginn des 20. Jh. wurden sie abgeholzt, um großen Parks und Villen Platz zu machen.

Schottische Gartenvision

Der Park der **Villa Taranto**  ist das Lebenswerk des schottischen Offiziers und leidenschaftlichen Gartenvisionärs Neil McEacharn. Er las das Verkaufsangebot und kaufte 1931 kurzentschlossen das etwa 20 ha große Grundstück mit altem Baumbestand und Villa, weil dieser liebliche Landstrich ihn vage an Schottland erinnerte. Im günstigen Klima konnte er hier seinen Traum realisieren: einen englischen Landschaftsgarten mit mediterranem Flair.

Er schuf eine neue Landschaft, ließ in mühseliger Arbeit ein künstliches Tal, die romantische, von einer Brücke überspannte Valletta, anlegen, baute einen Terrassengarten mit Wasserkaskaden und Springbrunnen, einen Lotusteich und Gewächshäuser. Dann trug er Samen und Pflanzen, auch sehr seltene, aus der ganzen Welt zusammen und akklimatisierte sie. Sein botanisches

Nehmen Sie sich Zeit für einen entspannten Spaziergang. Meist ist der Park der Villa Taranto viel weniger besucht als andere botanische Gärten.

Bunte Glasfenster im kleinen Mausoleum, in dem Neil McEacharn beigesetzt wurde.

Interesse vereinte er immer mit ästhetischen Ansprüchen und schuf so einen einmalig schönen, reichen Garten, der von April bis Oktober eine ständig wechselnde Blütenpracht bietet.

In Blumen schwelgen

Farbige Höhepunkte sind die Rhododendronblüte und das Tulpenfest Ende April: Dann blühen über 80 000 Tulpen in allen Farben, 65 verschiedene Sorten. Von Juni bis Oktober blühen über 300 Dahlienarten in allen Größen und Farben, kostbare Lilien, Azaleen, Kamelien, Ahornbäume, tausendfarbige Herbstblumen… Man kann sie gar nicht alle aufzählen. Unter den vielen seltenen Pflanzen ist die Victoria Regia, die vom Amazonas stammende größte Seerose der Welt, sicher die aufregendste. Ihre wie Torten aussehenden grünen Riesenblätter scheinen über dem Wasser zu schweben und können das Gewicht eines Kindes tragen.

1939 schenkte der schottische Gartenzauberer seinen Park voller botanischer Schätze dem italienischen Staat unter der Bedingung, dass das von ihm begonnene Werk weitergeführt wird. Als McEacharn 1964 starb, wurde er in einer Kapelle inmitten seiner Blumen beigesetzt.

2012 wütete im Park ein fürchterlicher Wirbelsturm und entwurzelte etliche Bäume. Die Wunden sind inzwischen verheilt und neu bepflanzt, nur einige Stämme erinnern noch an den Tornado.

In 43 Schaukästen werden in der Ausstellung »Das Herbarium des Kapitäns« getrocknete wildwachsende Pflanzen aus England gezeigt, die der erste Gärtner 1929 sammelte und klassifizierte (tgl. 10.30–12.30, 14.30–17.30 Uhr).

INFOS/ÖFFNUNGSZEITEN
Villa Taranto 1: Via Vittorio Veneto 111, T 03 23 55 66 67, www.villa taranto.it, Garten: Mitte–Ende März tgl. 8.30–17.30, April–Sept. bis 18.30, Okt. 9–16 Uhr, Eintritt 11 €, Kinder (6–14 Jahre) 5,50 €

Die Villa Taranto hat eine eigene Schiffsanlegestelle; die Villa selbst kann nicht besichtigt werden.

Faltplan: D 6

7

Fern von allem Trubel – **der Lago di Mergozzo**

Nur drei Kilometer vom Lago Maggiore entfernt liegt dieser kleine See mit dem kleinen Dorf Mergozzo und dem kleinen Berg Mont'Orfano, auf dem eine beachtliche romanische Kirche steht.

Einst war der nur 2,5 km lange und 1 km breite Lago di Mergozzo mit dem Lago Maggiore verbunden. Durch angeschwemmte Geröllmassen des Flusses Toce wurde er im 9. Jh. von ihm getrennt. An klaren Tagen spiegeln sich die Berge im See. Idylle pur, vor allem wenn die weißen Schwäne vorbeischwimmen. Auf dem See sind Motorboote verboten – und das tut ihm gut! Er gilt als einer der saubersten Seen Italiens und da er überschaubar ist, ist er auch wärmer als sein großer Nachbar.

Vor den Ausläufern des Ossolatals

Der beschauliche kleine Ort **Mergozzo**  1 liegt malerisch zwischen grün bewachsenen Hügeln, die hier nicht verbaut sind. Dichte Gassen mit vielen Treppen führen zur Piazza am See, auf der man sich zum Aperitif trifft. Hier berieten sich schon im 17. Jh. die Richter des Ortes unter der ehrwürdigen, über 400 Jahre alten, gestutzten und gestützten Ulme. Gut erhalten ist die romanische Kapelle Santa Marta aus dem 11. Jh. (leider meistens geschl.). Das kleine archäologischen Museum zeigt interessante Funde aus der Gegend, und es wird auch die Geschichte der Steinbrüche und der *picasass,* der Steinmetze, erzählt.

Mergozzo hat ein Stück italienischer Baugeschichte geprägt. Denn aus den umliegenden Steinbrüchen wird nicht nur weißer und grüner Granit gebrochenen, sondern vor allem der weiße Marmor aus Candoglia nördlich des Sees, mit dem der Mailänder Dom gebaut wurde. Auch heute dient er noch für Restaurierungsarbeiten am Dom. Seit dem 14. Jh. bis zur Mitte des 20. Jh.

Der Marmor aus Candoglia ist weithin begehrt.

wurde der Marmor über den Fluss Toce, den Lago Maggiore, den Fluss Ticino und ab Pavia über den Kanal Naviglio bis nach Mailand befördert.

Wanderung auf den Mont'Orfano

Wie ein *panettone* (der Mailänder Weihnachtskuchen) thront der **Monte d'Orfano** zwischen dem Fluss Toce und dem Lago di Mergozzo, er scheint den Zugang zum Ossolatal zu versperren. Sein Name bedeutet ›Waisenberg‹, denn er steht allein da: Der Mont'Orfano gab schon immer vielen Steinmetzen und Bildhauern aus der Gegend Arbeit, aus ihm wird weißer Granit gebrochen.

Das winzige, fast unbewohnte **Montorfano** 2 auf dem gleichnamigen Berg können Sie in etwa einer knappen Stunde zu Fuß von Mergozzo aus erreichen. Der Weg führt zunächst längs der Bahnlinie am See entlang. Heute heißt der zum Teil mit Steinplatten gepflasterte Weg, den früher die Steinmetze täglich zu den Brüchen gingen, Sentiero Azzurro. Montorfano mit seinen wenigen Häusern und von Granitplatten gesäumten Gassen hütet ein Juwel: die Johannes dem Täufer gewidmete romanische Kirche San Giovanni aus dem 11. Jh. Dank ihrer geschützten Lage blieb sie fast vollkommen erhalten. Bei Ausgrabungen kamen nicht nur Teile einer früheren Kirche aus karolingischer Zeit und ein frühchristliches Taufbecken ans Licht, sondern auch römische Reste, die auf eine antike Kultstätte schließen lassen. Rätselhaft bleibt, warum diese so schlichte und elegante Kirche derart abgelegen und verborgen errichtet wurde.

Eindrucksvoll ist die Kirche San Giovanni aus heimischem Granit.

Kirchenkonflikte

Wenn man Montorfano erreicht, wirkt das erste Gebäude auf der rechten Seite etwas fremd: Es ist die ehemalige protestantische Kirche. Steinmetze, die in die Schweiz ausgewandert waren, kamen Ende des 19. Jh. als Protestanten zurück. Der entrüstete Pfarrer ging fort, und so zog der protestantische Pastor kurzentschlossen in die Kirche San Giovanni ein. Nach zwei Jahren wurde ihm von der Kurie die Nutzung untersagt. Mit Geldern reformierter Kirchengemeinden, auch aus dem Ausland, wurde die neue Kirche am

#7 **Mergozzo**

Linea Cadorna: Der General Luigi Cadorna fürchtete eine Invasion deutscher Truppen über die Schweiz und ließ 1916–18 eine gewaltige Verteidigungslinie längs der italienischen Voralpen bauen, deren Relikte vor allem im Winter immer wieder sichtbar werden. Viele dieser ehemaligen Militärstraßen werden heute wieder instand gesetzt und als Wanderwege genutzt.

Ortseingang errichtet, die heute Jugendgruppen dient. Die Entvölkerung der kleinen Gemeinde begann nach dem Zweiten Weltkrieg, als auch die Schule schloss. Von hier sind es 5 Min. bis zu einem Aussichtspunkt mit weitem Blick auf die Schwemmlandebene und den Lago Maggiore.

Partisanen

Kurz bevor man von Fondotoce kommend den Lago di Mergozzo erreicht, können Sie sich im »Haus des Widerstands« ❸ etwas über die 40 Tage währende »Freie Republik von Ossola« und ihr trauriges Ende erfahren. Im Juni 1944 wurde das Tal zum Schauplatz einer der blutigsten Antiguerilla-Aktionen der deutschen Alpenjäger und der Schwarzhemden der Republik von Salò: Tausende von Soldaten schlugen hier 500 Partisanen nieder und setzten die Almen in Flammen. Auf Wanderungen stößt man immer wieder auf Gedenksteine mit den Namen der erschossenen Partisanen (Casa della Resistenza, Via Turati 9, www.casadellaresistenza.it).

ÜBERNACHTEN AM HANG

B&B Il Picchio ❶: Maurizia spricht Deutsch, serviert ein köstliches Frühstück auf der Terrasse mit Seeblick und berät ihre Gäste bestens. Grillmöglichkeit im Garten (Bracchio, Via Tari 7/9, T 0323 80 200, mobil 33 36 54 52 08, www.ilpicchio.eu, März–Anf. Nov., 2 DZ 75/90 € mit Frühstück).

SCHLEMMEN

Piccolo Lago ❶: Haben Sie gerade im Lotto gewonnen? Im mit zwei Michelin-Sternen prämierten Gourmettempel sitzt man direkt über dem Wasser. Geboten werden raffinierte, kunstvoll zubereitete Gerichte, die Tradition mit Experimentierlust vereinen (Verbanaia, Via Turati 87, T 0323 58 67 92, www.piccololago.it).
Ristorante La Pagul ❷: Kleines, verstecktes Lokal im ersten Stock eines alten Hauses. Hier speist man piemontesisch. Wechselnde Karte, probieren Sie doch mal *bagna caoda*, falls es sie gibt (Mergozzo, Vicolo XI 4, T 0323 80 09 49, Do–Mo mittags und abends, Mi nur abends, *primo* 10, Fleischgerichte 16–20 €).

Faltplan: B 5/6 | **Anreise:** ca. 10 km von Verbania, ca. 15 km von Stresa

Borromäischen Inseln. Hier kann man fern vom Trubel wunderbar entspannen. Frühstück gibt es auf der Terrasse der Villa della Quercia.
Salita San Remigio 4, T 0323 55 66 92, www.albergovillaazalea.com, DZ mit Frühstück je nach Villa 78/85 €

🍴 Visitenkarte Pizza
Little Italy
Empfehlenswert ist hier vor allem die Pizza, es gibt aber auch gute sizilianische Gerichte.
Via Guglielmazzi 25, T 0323 50 45 48, www.ristorantelittleitaly.com, Sa mittags geschl.

🍴 Begegnungen zu Tisch
Villa Olimpia
Ein Sozialprojekt, bei dem Köche mit Menschen, die Probleme mit der Justiz (gehabt) haben, ein Menü zubereiten. Der kleine Preis hat hier einen großen Wert.
Via Mazzini 19, T 0323 50 60 90, tgl., Mittagsmenü 8 €

🍴 Neapolitanisch
La Signora di Salerno
Die Großmutter kocht, der Onkel ist für die Pizza zuständig, Samanta und Alessandra bedienen. Nette Atmosphäre und günstig.
Via A. Manzoni 12, T 328 969 04 32, 0323 55 65 20, Mi–Mo 12–14.30 u. 19–22 Uhr

✱ Cocktails und Tapas
Extremadura Cafè
Beliebte und für ihre besonderen Cocktails bekannte Lounge-Bar. Geführt von der prämierten Barlady Cinzia Ferro. Im Sommer sitzt man draußen mit Seeblick.
Via Troubetzkoy 142, T 0323 50 42 82, tgl. 18–2 Uhr

ℹ️ Infos und Termine
Touristeninformation: am Schiffsanleger oder in Intra
Editoria e Giardini: alle zwei Jahre Ende Sept. Fest rund um den Garten mit Vorträgen, Buchausstellungen, Kursen und Führungen durch Parks, die sonst nicht zugänglich sind.

Entspannen am See und in Ruhe gucken, wie die anderen so gucken.

Baveno C 6

Die kleine Kirche Gervasio e Protasio in der Dorfmitte mit romanischer Fassade und römischen Inschriften, der noch ältere Glockenturm und die Renaissancefresken sind sehenswert. Bekannt ist Baveno für seinen rosa Granit, der seit Jahrhunderten abgebaut wird, und das zeigt sich leider an der ›klaffenden Wunde‹ am Berg hinter dem Ort. Das kleine Museo Granum neben der Kirche hat Interessantes über die Steinbrüche zu erzählen.

Von weitem wie ein Aquarell
Feriolo, einst florierender Handelsumschlagsplatz (Marmor) zwischen Fluss und See gehört zu Baveno. Er grenzt an die Piana del Toce. An der Seepromenade reihen sich kleine Lokale und Geschäfte.

🏠 Vintage
La Ripa
In schöner Lage direkt am See mit Garten, Strand und Blick auf die Inseln. Das seit fast 100 Jahren von der Familie geführte Hotel ist schlicht, aber liebevoll eingerichtet. Mit Restaurant.
S.S. Sempione, 11, T 0323 92 45 89, www.albergolaripa.com, nur 10 DZ mit Frühstück, 110/165 €

Piemontesisches Ufer ▶ Stresa

🍴 Mit Traumblick auf die Inseln …
La Rampolina
Die Mischung aus Osteria, Restaurant und Laden wurde in letzter Zeit sehr bekannt und ist daher oft voll. Saisonale Küche mit vielen lokalen Spezialitäten.
Campino, Via per Someraro 13, T 0323 92 34 15, www.larampolina.com, Di–So 12–14.30 u. 18.45–22 Uhr

🍴 … und gleich nebenan
Vista
Klassisches, italienisches Restaurant. Viele Fischgerichte, aber auch Fleisch und je nach Jahreszeit etwa Pilze, Trüffel … Im Sommer wird draußen gegrillt.
Campino, Via Someraro 7, T 0323 92 21 80, Juni–Sept tgl. 12–14.30 u. 19–22 Uhr, sonst Mo und Di mittags geschl., Tagesmenü 28 €, à la carte 35–40 €

🍴 Neapel im Piemont
Fiore di Latte
Pasquale bereitet die Pizza mit besten Zutaten aus der Gegend, und seine englische Frau Joey betreut die Gäste. Probieren Sie auch die gefüllten Kürbisblumen mit getrockneter Tomatencreme.
Via Verdi 5, T 0323 806 30, www.ilfioredilatte.com, im Winter Mo, Mi, Sa nur abends, So auch mittags, Juni–Aug Mi–Mo mittags und abends

🍴 Ein leichtes Mahl
Chiosco Villa Fedora
Der Park hat wie viele andere rund um den See stark unter dem Sturm im Sommer 2019 gelitten. Am Chiosco gibt es gute *aperitivi* und einen günstigen Mittagsteller direkt am See. Geöffnet bei gutem Wetter in der schönen Jahreszeit.
Strada Nazionale, T. 348 513 95 97

ℹ️ Infos und Termine
Ufficio Turismo I.A.T.: Piazza della Chiesa 8, T 0323 92 46 32, Okt.–März 10.30–12.30, sonst tgl. 9–12.20 u. 15–18 Uhr; auch Sitz des **Museo Granum,** das sich ganz dem rosa Granit verschrieben hat.

Sapori di Lago: An den letzten beiden August-Wochenenden bereiten pensionierte Köche mittags und abends Fischgerichte aus der Gegend zu (auf Gelände der ex Fonti Minerali, beim Tourismusbüro reservieren).

Stresa 📍 C 7

Mit seiner besonders schönen Lage an der Borromeo-Bucht, der Sicht auf die Borromäischen Inseln und die Berge gilt Stresa als die ›Perle des Verbano‹.

Kongresse und Konzerte

Das einstige römische Strixia gewann Anfang des 19. Jh. an Bedeutung, nachdem Napoleon die Simplonstraße gebaut hatte, die Mailand mit Paris verbindet – und erst recht als dank dem Simplon Eisenbahntunnel der Simplon Orientexpress hier hielt. Mit dem Bau der luxuriösen Jugendstilhotels Ende des 19. Jh. – allen voran das Grand Hotel des Iles Borromées an der Seepromenade mit Inselblick – begann die Blütezeit mit illustren Gästen: Gekrönte Häupter kamen ebenso wie Künstler und Dichter. Heute träumt Stresa (5000 Einw.) noch von der Belle Epoque und lebt von seiner glamourösen, etwas verblassten Vergangenheit.

NOCH WAS

Im Jahr 1935 fand im Grand Hotel des Iles Borromées, dem Wahrzeichen der Stadt, eine Konferenz mit Vertretern Frankreichs, Großbritanniens und Italiens statt, bei der die Länder mit dem **Abkommen von Stresa** Vertragsverletzungen von Deutschland begegnen wollten. 1951 legte hier eine Konvention die Herkunftsbezeichnung von Käse fest und 2004 fand die Bilderberg-Konferenz statt.

Piemontesisches Ufer ▶ Stresa

Eine der ›Perlen‹ im See: die pittoreske Isola dei Pescatori

❶ Infos und Termine
Touristeninformation: Piazza Marconi 16, T 032 33 13 08, www.stresaturismo.it, Mitte März–Mitte Okt. tgl. 10–12.30, 15–18.30, Mitte Okt.–Mitte März. Mo–Fr 10–12.30, 15–18.30 Uhr
Settimane Musicali: Ende Aug./Anf. Sept. im Palazzo dei Congressi und den *palazzi* der Isola Bella und der Isola Madre. Musikprogramm mit weltbekannten Solisten und Orchestern, das jedes Jahr zahlreiche Musikkenner und -freunde anlockt (Karten: Via Carducci 38, T 0323 310 95, www.stresafestival.eu).

PARCO DELLA VILLA PALLAVICINO

In dem schönen Park aus dem 19. Jh. in englischem Stil mit italienischem Rosengarten können Kinder Lamas und Ziegen streicheln, viele Vögel und andere Tiere bewundern (www.isoleborromee.it, Eintritt 11 €, Kinder 6–15 Jahre 7 €).

IN DER UMGEBUNG

Hügelkette zwischen den Seen
Vergante
Die hügelige Gegend, die sich parallel zum See von etwa 600 m bis auf eine Höhe von 1491 m zwischen Baveno und Arona (📖 C/D 6–9) erstreckt, heißt Vergante. Sie gehörte im 11. Jh. dem Erzbischof von Mailand, dann den Visconti und später den Borromeo. Man kommt durch kleine, zum Teil leider verbaute Orte, stößt aber immer wieder auf prächtige Villen und romanische Kirchlein, auf schöne Steinmetzarbeiten an Portalen, Tragebalken und Fensterbänken, die von der Verbreitung dieses Berufs am Westufer des Lagos zeugen. Aus dieser einst sehr armen Gegend zogen viele Menschen auf der Suche nach Arbeit fort, außer Köchen auch zahlreiche Schirmmacher.
Das Herz des Vergante ist der Ort **Massino Visconti** (📖 C 8), aus dem

8

Die Schöne, die Reiche und die Arme – Isole Borromee

Die Perlen im Lago Maggiore, die kleinen Borromäischen Inseln, verkörpern die drei Seelen des Sees: die raffinierte, künstliche Seele mit der fürstlichen Residenz auf der Isola Bella, die natürliche in der botanischen Landschaft der Isola Madre und die pittoreske auf der Isola dei Pescatori.

Die **Isola Bella** 1, die ›schöne Insel‹, ist die bekannteste und spektakulärste. Sie ist ein künstlich verändertes Eiland, ein kleines Versailles mitten im See. 1630 wurde die Bebauung des Felsenriffs, auf dem nur ein paar armselige Fischerhütten standen, von Graf Carlo III. Borromeo begonnen. Er taufte die Insel zu Ehren seiner Frau zunächst Isabella. Sein Sohn Vitaliano setzte den Bau fort.

Pyramiden-Garten auf der Isola Bella

Auf dem Riff wurden zehn übereinanderliegende Terrassen in Form einer stumpfen Pyramide an-

»Der Raub der Europa« auf der Isola Bella

gelegt. Insgesamt realisierte man einen abenteuerlichen Bauplan: die Darstellung eines vor Anker liegenden Traumschiffes.

Der kunstvoll angelegte Garten mit unendlich vielen seltenen Pflanzen fügt der erfundenen Natur pflanzliche Ornamentalbauten hinzu. Die Barockkomposition der Isola Bella erfuhr im Laufe der Zeit einige Veränderungen, ist aber nach wie vor ein architektonisches Wunderwerk. Der barocke Borromeo-Palast mit seinen sechs originellen, Neptun gewidmeten Grotten, die an heißen Tagen als Erfrischungsräume dienten, und die Gartenterrassen unter strahlend blauem Himmel wirken wie der Wirklichkeit gewordene Traum vom Paradies im sonnigen Süden.

Gedeckte Tafeln

Für Flaubert lag auf der **Isola Madre** das Paradies auf Erden. Auf der größten der drei Inseln, die zu Unrecht weniger bekannt ist als die spektakuläre Isola Bella, kann man sich bei einem Spaziergang durch die üppige Natur eines englischen Landschaftsgartens erholen.

Hier ließ Renato Borromeo 1590 eine imposante Villa errichten. Man hat die Säle mit gedeckten Tischen, Baldachinbetten und Dienern in Livree (lebensgroße Puppen), mit Ahnenbildern, Fotos und kostbaren Möbeln so eingerichtet, als seien sie noch bewohnt. Wundervoll ist die Puppen- und Theatersammlung. Hier werden Bühnenbilder und Kulissen präsentiert, die der Bühnenbildner der Mailänder Scala, Sanquirico, geschaffen hat.

Stattliche Bäume

Die größte Aufmerksamkeit verdient jedoch seit Jahrhunderten die Natur ringsum: Der botanische Garten, reich an importierten tropischen Pflanzen, ist eine der ältesten Anlagen Italiens. Schon vor 1000 Jahren wuchsen hier Olivenbäume, im 16. Jh. vor allem Obstbäume. Seine heutige Gestalt erhielt das Ganze im 19. Jh., als man neben Palmen auch Nutzpflanzen wie Kaffee und Zimt anpflanzte. Neben der Villa der Isola Madre steht die älteste Kaschmir-Zypresse Europas.

ÜBRIGENS

Das erste Stockwerk des Palazzos auf der Isola Bella, eine Flucht von stuckdekorierten und vergoldeten Sälen mit wertvollen Möbel und Gobelins, kann man besichtigen. Für die **Berthier-Galerie**, eine reiche Bildersammlung mit kostbaren Gemälden, muss man extra zahlen.

Wenn die Hausherren, die Borromeo, anwesend sind, weht ihre **Fahne** vom Dach des Palazzos. Noch heute finden hier zuweilen rauschende Feste statt.

#8 Isole Borromee

In den Botanischen Gärten der Isola Bella und Isola Madre dürfen keine Hunde mitgeführt werden!

2006 wurde der gigantische Baum von einem Tornado stark beschädigt und wird seitdem gehegt und gepflegt, in der Hoffnung, dass er sich wieder völlig erholt.

Farben und Düfte

Besonders im Frühjahr erwartet die Besucher ein einzigartiges Blütenmeer: Dann blühen über 500 Arten Kamelienbüsche neben Azaleen und 15 m hohen Rhododendren in allen Tönen und Schattierungen. Besonders farbenprächtig ist auch der Herbst. Die Komposition der Düfte spielt in einem Park eine wichtige Rolle. Jasmin, Olio fraganz, Zitronen, Nelken, Gardenien, Rosen wechseln sich ab. Dazwischen stolzieren weiße Pfauen, trippeln Tauben, umschwirrt von schnatternden Wellensittichen – eine wahre Augenweide.

Fotomotive finden Sie auf der Isola Bella an allen Ecken.

Die Fischerinsel

Von Weitem wirkt die kleinste der drei Inseln, die **Isola dei Pescatori** 3 bzw. Isola Superiore, wie ein Gemälde. Dicht drängen sich die schlichten Häuser in den engen, gepflasterten Gässchen aneinander. Wie ein Schiffsmast ragt der Turm der ursprünglich romanischen Kirche **San Vittore** empor. Der kleine Friedhof liegt direkt dahinter und vermittelt durch seine zentrale Lage eine seltsame Atmosphäre.

Zu Beginn des 17. Jh., als die Nachbarinsel mit Palast und Garten zur Isola Bella umgestaltet wurde, schnellte die Einwohnerzahl plötzlich in die Höhe. Heute leben hier nur noch 35 Menschen. Die wenigen Schulkinder müssen zum Festland fahren und nur noch eine Familie betreibt den traditionellen Fischerberuf. Die Insel ist ganz auf die vielen Menschen eingestellt, die sie täglich stürmen. Ein Schiff nach dem anderen legt an. Pizzerien und Restaurants sowie diverse kleine Läden warten auf Kundschaft. Und trotzdem lohnt der Besuch, vor allem außerhalb der Hauptsaison, wenn das Gedränge nicht so groß ist. Man kann hier auch übernachten. Abends kehren Ruhe und Beschaulichkeit auf die Fischerinsel zurück.

Vielleicht schlägt der Pfau doch noch sein weißes Rad?

INFOS/ÖFFNUNGSZEITEN

T 0323 305 56, www.isoleborromee.it, Mitte März–Mitte Okt. tgl. 9–17.30 Uhr, Eintritt Isola Bella 17 €, Kinder (6 bis 15 Jahre) 9 €, Isola Madre 13,50 €, Kinder 7 €; Sammeltickets (nur 1 Tag gültig) für die Isola Bella und die Isola Madre 24 €, Kinder 10,50 €
Sammelkarten (Isola Bella, Isola Madre und Rocca Borromeo): 28 €, Kinder 14 €
Isola Bella und Isola Madre müssen am selben Tag besichtigt werden, die Karte für die Rocca gilt für die ganze Saison.

AUF DER FISCHERINSEL SCHLAFEN

Anna und Renato leben zwar auf dem Festland, empfangen Sie aber auf der Insel in ihrer kleinen, liebevoll eingerichteten Wohnung (3 Betten, Wohn- und Schlafzimmer, Küche, Bad). Anna spricht Deutsch und wird Sie bestens beraten (Pescatori.islandapartment@gmail.com, mind. drei Nächte, 80 €/Tag).

Faltplan: C 6/7 | **Anreise:** per Linienschiff, zwischen Stresa und Verbania

Der Hausberg von Stresa – **Mottarone**

Vom Seeufer in Stresa mit seinen tropischen Pflanzen erreicht man in 20 Minuten den Mottarone. Bei klarem Wetter bietet er eine tolle Rundsicht auf die Voralpenseen und Alpengipfel, dazu leichte Spaziergänge, anspruchsvolle Wanderungen und im Winter Skipisten mit Seeblick.

… geht's mit dem **Alpine Coaster** den Berg hinunter: eine Art Achterbahn/Rodelbahn für die ganze Familie, bei der man die Geschwindigkeit selbst regeln kann (www.alpyland.com).

Der Mottarone (1491 m) steht zwischen dem Lago Maggiore und dem Lago d'Orta. Man erkennt ihn schon von Weitem am hohen Antennenturm auf seinem baumlosen Gipfel. Man kann mit dem Auto hinauffahren. Die letzten 9 km sind mautpflichtig, denn die Straße gehört der Familie Borromeo (10 €, von Orta aus keine Maut). Zu Fuß benötigt man etwa 4,5 Std. Sehr schön ist die 20-minütige Fahrt mit der Seilbahn, die 1,5 km nördlich von Stresa im Ortsteil Carciano startet.

Zwischenstation: Heilkräuter mit Seeblick

Es lohnt sich, bei der Mittelstation der Seilbahn in Alpino auszusteigen und den **Giardino Alpinia** 1 zu besichtigen. Dieser 807 m hoch gelegene, etwa 4 ha große botanische Garten wurde in den 1930er-Jahren angelegt. In dem Alpengarten wachsen über 800 Pflanzen, auch aus dem Kaukasus, China und Japan, darunter sehr viele Heilkräuter. Der Gartenbesuch lohnt sich nicht nur für Kräuterfans – man genießt auch besonders schöne Aussichten über den Lago Maggiore und auf die Borromeobucht mit ihren Inseln.

Schöne Schirme

In Gignese (C 7, etwa 25 Min. zu Fuß von Alpino) steht das kuriose **Museo dell'Ombrello e del Parasole** 2. Es besitzt eine einzigartige Sonnen- und Regenschirmsammlung mit insgesamt 1500 Exponaten. Romantische Sonnenschirme aus edelster Seide und Spitze für feine Damen des 19. Jh. sind ebenso zu sehen wie Herrenschirme von Prominenten. Handwerkszeug, Fotos und Dokumente aus der Welt der Schirmmacher,

Kann man Regen schöner begegnen als im Schirmmuseum in Gignese?

-händler und -flicker, die in Oberitalien durch die Dörfer zogen, komplettieren die Ausstellung.

Atemberaubender Blick

Von der Seilbahnstation oben auf dem Mottarone steigt man in knapp 30 Min. auf den **Gipfel** 3. Ist das Wetter gut, bietet sich ein einzigartiges 360-Grad-Panorama! Sieben Seen glitzern: Auf der einen Seite der Lago Maggiore mit seinen Inseln, der schuhförmige Lago di Varese, die kleinen Seen Monate, Comabbio und Biandronno, hinter der Borromeo-Bucht der Lago di Mergozzo und auf der anderen Seite der Lago d'Orta, mit seiner kleinen, dicht bebauten Insel. Bis weit in die Poebene reicht der Blick, bei besonders klarer Sicht bis zum Apennin. Und im Nordwesten zeigt sich das Monte-Rosa-Massiv mit dem zweithöchsten Berg Europas (4634 m).

Skigebiet Mottarone

Auf dem nur eine Stunde von Mailand entfernten Mottarone haben viele Mailänder das Skifahren gelernt. Schon 1909 wurde hier einer der ersten Skiclubs Italiens gegründet. Die insgesamt 21 km Pisten hinterlassen leider ihre Spuren. Im Sommer sieht man die vom Skifahren verursachte Erosion, das leidige Schicksal der modernen Alpenwelt, die zum Spielzeug und Sportgerät wird. Allerdings fällt immer seltener Schnee. Abseits der Pisten kommt man in wunderschöne Landschaften mit vielen Wandermöglichkeiten.

INFOS/ÖFFNUNGSZEITEN

Seilbahn: Piazzale Lido, 8, T 0322 302 95, www.stresa-mottarone.it, hin u. zurück 20 €, Kinder 4–12 Jahre 12 €
Giardino Alpinia 1: www.giardinobotanicoalpinia.altervista.org, Mitte April–Mitte Okt. tgl. 9.30–18 Uhr, 4 €, Kinder 3,50 €
Museo dell'Ombrello e del Parasole 2: www.gignese.it/museo, April–Sept. Di–So 10–12 u. 15–18 Uhr, 2,50 €

KULINARISCHES FÜR ZWISCHENDRIN

Villa Pizzini 1: Sabina und Ivan haben eine einsam gelegene Villa mit wunderbarem Blick auf den See in ein Restaurant (drinnen max. 20 Gäste) verwandelt. Hier ist alles frisch, regional und hausgemacht (Loc. Mottarone 3, www.villapizzinimottarone.com; auch drei einfache Zimmer, DZ 95 €).

Faltplan: B/C 7

angeblich die mächtige Familie der Visconti stammt. Ihr Schloss aus dem 13. Jh. kann leider nicht besichtigt werden. Schön ist das kleine romanische Kirchlein San Michele mit gut erhaltenen Fresken und schiefem Turm.
Lohnend ist der Aufstieg auf den **Monte San Salvatore** (C 8, etwa 1 Std. Fußweg). Hier stehen zwischen alten Buchen und Kastanien eine von Benediktinern gegründete Kirche und eine Klosteranlage. Fresken aus dem 15. Jh sind noch in einer Kapelle zu sehen. Sehr lohnend ist die Terrasse der **Trattoria San Salvatore.** An klaren Tagen schweift der Blick über die Seen der Provinz Varese bis nach Mailand. Es gibt Polenta, Brasato, Käse uvm. (Via San Salvatore 30, T 0322 21 93 01, www.trattoriasansalvatore.it, Juni–Sept. Di–Sa mittags und abends, So nur mittags, März–Mai, Okt.–Dez. Di–So mittags, Sa mit Vorbestellung auch abends, ca. 25/30 €).

Hochzeitspaare lieben sie
In der *chiesa vecchia* in **Belgirate** (D 8), dem reich mit Fresken (16. Jh) geschmückten kleinen Kirchlein Santa Maria, haben sich aus romanischer Zeit der schlanke Glockenturm und die Apsis erhalten.

Lesa D 8

Reste des mittelalterlichen Dorfkerns sind noch erhalten. In der Villa Stampa, heute eine Bank, lebte der große italienische Schriftsteller Alessandro Manzoni.

Ein ruhiges Örtchen
Die Sala Manzoniana mit Schrift- und Erinnerungsstücken des Verfassers des ersten italienischen Romans, »Die Verlobten« (in neuer Übersetzung »Die Brautleute«), kann in den Sommermonaten besichtigt werden.
Im Ortsteil **Solcio** – bekannt für seine Bootswerft – steht ein einschiffiges romanisches Kirchlein aus dem 12. Jh., das aber fast immer geschlossen ist.

🍴 Nur Fisch
Il Rapanello
Im Sommer stehen die Tische am See auf der anderen Straßenseite. Im Winter gibt es Fisch aus dem Holzofen. Piazza Matteotti 8, T 0322 74 96, Di–Fr abends, Sa/So auch mittags, ca. 40–45 €, *piatto unico*, Einzelgericht, das die üblichen zwei Gänge ersetzt, 25 €

🍴 Für Gourmets
Battipalo
Wunderbare Riesenfenster direkt über dem See. Simona interpretierte traditionelle Gerichte auf originelle Weise. Viel Fisch aus dem See. Ihr Mann Gabriele ist für den Wein zuständig. Via Vittorio Veneto 2, T. 0322 760 69, 45–50 €

🛍 Nicht nur Outwear
Herno Outlet
Das Luxusmodelabel hat in Lesa seinen Sitz. Markenzeichen sind die Daunen-Steppjacken, aber es gibt z. B. auch Seidenkleider.
Via Sempione 87

ℹ Infos und Termine
Associazione Turistica Pro Loco di Lesa: Via V. Veneto, neben der Schiffsanlegestelle, T 03 22 77 20 78, www.prolocolesa.com, 9.30–12.30 u. 16.30–19.30 Uhr, Mo und So nachmittags geschl.
Light Festival: Mitte Sept. drei Tage lang Lichtinstallationen und Performances renommierter Künstler

Der 2007 erschienene Film »Hotel Meina« erzählt von einem der ersten Massenmorde der SS an Juden in Italien: dem Massaker von Meina (C 9) im September 1943. Bis vor wenigen Jahren stand das Hotel noch grau und verlassen mitten im Ort, wie ein Relikt aus grausamen Zeiten. Sein Abriss war umstritten.

Wie ein Aquarell wirkt die Piazza San Graziano in Arona.

Arona D 9

Arona ist ein richtiges italienisches Städtchen mit einer kopfsteingepflasterten Altstadt und engen Gässchen. Im Corso spazieren die Aronesi auf und ab und treffen sich in der alten Pasticceria Aliverti zu einem Caffè. Das hiesige Gymnasium besuchen auch Schüler aus der Lombardei, die mit dem Schiff von Angera übersetzen

Kleiner Rundgang mit Kirchenbesichtigung

Von der Uferpromenade, die dort, wo sich einst auch der Hafen befand, auf die malerische Piazza del Popolo voller Restaurants mündet, hat man einen prächtigen Blick auf die Rocca di Angera (▶ S. 84) auf der anderen Seeseite. Der Palazzo di Giustizia mit Laubengängen aus dem 15. Jh. ist das Symbol der freien Stadt Arona. Einen Besuch wert ist die ursprünglich von Benediktinern im 10. Jh. erbaute, doch wiederholt erneuerte Kirche **Santi Martiri** auf der Piazza San Graziano. Hinter der Barockfassade verbirgt sich ein neoklassisches Inneres mit einer Altartafel von Bergognone (15. Jh.). Den Schlüssel für die meist verschlossene Kirche findet man beim Pfarrer in der nur wenige Schritte entfernten Kollegiatskirche **Nativitá di Santa Maria** in der Via San Carlo. Die Kollegiatskirche birgt eine »Anbetung des Kindes« von Gaudenzio Ferrari (1511), einem der größten piemontesischen Maler des 16. Jh., und in der Cappella degli Innocenti ein Fresko von Künstlern aus Novara aus dem 15. Jh.

Aufstieg zur Burganlage

Wie in Angera stand auch in Arona früher eine mächtige Burg, in der der sehr gefeierte, doch auch umstrittene heilige Carlo Borromeo auf die Welt kam. Von ihr blieben nur noch Ruinen, nachdem Napoleon sie um 1800 zerstörte und ihre Steine zum Bau des Sempione, der

Piemontesisches Ufer ▶ Arona

Simplonstraße, verwenden ließ. Heute ist hier ein Stadtpark mit wunderbarem Blick auf Arona und den See sowie ein altes Bauernhaus, in dem man einkehren kann, **La Corte della Rocchetta:** Marco und Giuseppe kommen aus den Marken und bieten Aufschnitt, Käse und Wein aus ihrer Region.
T 0349 590 19 58, 0348 727 94 73, www.parcorocccaarona.net, 15. März–April 10–19, Mai–15. Okt. 10–20, Fr/Sa bis 22 Uhr, im Winter nur an Wochenenden geöffnet, Mo geschl.

Kolossalstatue San Carlone
Etwa 2 km oberhalb von Arona steht die 20,68 m hohe **Statue des hl. Carlo Borromeo,** genannt San Carlone, segnend über der Stadt. Man kann sie innen über eine steile Treppe besteigen und aus ihrem Inneren den Blick über den See genießen. Federico Borromeo, Vetter und als Erzbischof von Mailand Nachfolger Carlos, wollte hier seinem ehrwürdigen Verwandten einen eigenen *sacro monte* errichten. 15 Kapellen sollten vom See aus die Stelle führen, an der heute die riesige Borromeo-Statue steht und vom Leben des ›eisernen‹ San Carlo erzählen. Doch die Kriege im 17. Jh., gepaart mit Geldknappheit, führten dazu, dass dann doch nur drei Kapellen gebaut wurden.
April–Anf. Okt. 9–12.30 u. 14–18.30 Uhr, Jan./Febr. geschl., Wintermonate nur Sa/So, Fei und in den Weihnachtsferien 9–12.30 u. 14–17 Uhr, 5 €

SCHLEMMEN, SHOPPEN, SCHLAFEN

 In fremden Betten

Totale Ruhe im eigenen Häuschen
B&B Lagoni
Im Naturschutzpark der Lagoni di Mercurago vermietet Barbara Introini auf ihrem Grundstück ein Gartenhaus: Es hat nur ein Doppelzimmer mit Bad und ein eigenes, eingezäuntes Gärtchen, damit man nicht von den beiden netten Hunden der Hausherrin gestört wird. Die große Küche wird nur zum Frühstück geöffnet. Zwei Fahrräder stehen Barbaras Gästen zur Verfügung.
Via Gattico 14, Ortsteil Mercurago, T 0340 63 65 319, www.bnb-lagoni.it, DZ mit Frühstück 70/100 € je nach Saison und Aufenthaltsdauer

Stilvoll
Cascina Incocco
Übernachten in einem großen, elegant restaurierten Bauerngehöft. Marjie, eine kanadische Tierärztin und ihr italienischer Mann Fiorenzo leben hier mit vielen Tieren (man kann hier auch reiten). Die großen Zimmer sind sehr komfortabel und stilvoll eingerichtet und haben superbequeme Betten! Frühstück gibt es im kleinen, entweihten Kirchlein.
Via per Incocco 1, zwischen Montrigiasco und Paruzzaro, T 338 379 31 67, www.incocco.com, DZ 120 €

CARLO BORROMEO

Am Lago Maggiore stößt man allerorten auf die Borromeo. Ähnlich wie Landesfürsten haben Mitglieder dieser Familie jahrhundertelang die Geschichte der Region bestimmt. Vitaliano Borromeo war Schatzmeister von Filippo Maria Visconti und wurde zum Dank für seine Dienste in der ersten Hälfte des 15. Jh. mit Arona belehnt. Später erhielt er den erblichen Grafentitel. Durch Zukäufe und weitere Schenkungen erstreckte sich der Besitz der Familie Ende des 15. Jh. fast rund um den See. Bis heute hat sich einen beachtlichen Teil bewahrt.
Die Geschichte nennt Politiker, hohe Militärs und Künstler, Priester und Kardinäle dieses Namens. Der berühmteste ist Carlo Borromeo: Der am 2. Okt. 1538 in der Rocca di Arona Geborene zeigte schon als junger Geistlicher Führungsqualitäten. Er erhielt das Kloster von Arona, wurde 1563 schon Kardinal und im Jahr darauf Erzbischof von Mailand, wo er 1584 starb. Da der Lago Maggiore damals zur Diözese Mailand gehörte, trifft man am See überall auf den 1610 heiliggesprochenen Carlo.

Piemontesisches Ufer ▶ Arona

Neben dem San Carlone
Hotel San Carlo
Nur 2 km oberhalb von Arona, mit Blick auf die gegenüberliegende Rocca di Angera. Zwei Zimmer im kürzlich renovierten Haus sind behindertengerecht ausgestattet.
Via Verbano 4, T 0322 453 15, www.hotelristorantesancarlo.it DZ zum See mit Frühstück 120 €, zur Straße 100 €, Restaurantterrasse

 Satt & glücklich

Terrasse über dem See
Nautica
Hierher kommt man vor allem wegen des Blickes. Das Lokal liegt am hintersten Ende Aronas unterhalb des Felsens La Rocca. Es gibt Tische direkt über dem See und man schaut auf die gegenüberliegende Rocca d'Angera. Wenn Sie rechtzeitig buchen und Glück haben, sitzen Sie auf dem alten Turm. Neben Pizzas gibt es auch Fischgerichte.
Piazza Gorizia 1, T 0322 24 32 83, www.ristnautica.com, tgl. 12–15.30 u. 18–0.30 Uhr

Auf der Piazza del Popolo gibt es Restaurants für jeden Geschmack und für jedes Portemonnaie, von der **Taverna del Pittore** (Luxus) bis zu **Da Aldo** für ein junges Publikum.

Kreativ mit Tradition
Osteria Da drè
Da drè liegt ›hinten‹, das heißt versteckt in einer Gasse. Die Osteria bietet eine gute Auswahl an Weinen und Gerichten aus natürlichen, einfachen Zutaten. Es stehen auch Tische in der Gasse, dort werden alte Stummfilme auf die gegenüberliegende Wand projiziert.
Via Pertossi, T 0322 479 08, auf Facebook, tgl. 19–1 Uhr, ca. 35 €

Echte neapolitanische Pizza
Vizio 5
Diese große Pizzeria ist immer voll, denn die Pizza ist erstklassig! Der Teig ist knusprig und minen weich und es gibt auch ungewöhnliche Kreationen mit besten Zutaten aus der Gegend. So nimmt man den fehlenden Seeblick gerne in Kauf.
Via San Rocco 28, Dormeletto, T 338 635 00 71, www.vizio5pizzeria.it, tgl. ab 19 Uhr

 Stöbern & entdecken

Käse-Eldorado
Guffanti
Seit fast 150 Jahren reifen in Guffantis Keller die besten Käsesorten aus ganz Italien und werden dann noch verfeinert.
Via Milano 140, T 03 22 24 20 30, www.guffantiformaggi.com, Kellerbesichtigung und Verkauf Mo–Fr 9–13 u. 15–19, Sa 8.30 bis 13 Uhr

Alles gebündelt
Leider ist die Straße, die Arona mit Castelletto Ticino verbindet, mit unschönen Industriehallen und Großmärkten stark verschandelt. Einkaufslustige finden hier riesige Supermärkte, Outlets und Geschäfte aller Art.

 Wenn die Nacht beginnt

Coole Bar mit Traumblick
Marconi Beach
Direkt am Wasser mitten in der Stadt (ist aber kein Strand!). Man kann hier einen Aperitif schlürfen oder auch etwas essen.
Via Marconi, im Sommer bei gutem Wetter 10–2 Uhr

INFOS

Informationsbüro: Piazzale Duca d'Aosta, T 03 22 24 36 01, www.comune.arona.no.it, März–Sept. tgl. 9.30–12.30, 15.30–18 Uhr, Okt.–März Mo geschl., Di–Sa vormittags, Do–Sa auch nachmittags

Piemontesisches Ufer ▶ Lago d'Orta

IN DER UMGEBUNG

Durch Wälder und Feuchtgebiete
Lagoni di Mercurago 🗺 C/D 10
Ein an Flora und Fauna reiches Naturschutzgebiet südlich von Arona mit kleinen Seen und Sümpfen, das schon in der Bronzezeit besiedelt war. Die archäologischen Funde sind im Museo Archeologico zu besichtigen.

Lago d'Orta 🗺 A/B 7–9

Der kleine See birgt alles, was der große Nachbar zu bieten hat, in überschaubarem Rahmen: traumhafte Villen aus dem 18./19. Jh., Plätze mit schönen Ausblicken, romanische Kirchen, Wallfahrtsorte, die auf einem steilen Felsen stehende Madonna del Sasso sowie Wandermöglichkeiten oberhalb des Sees und in den Seitentälern.

Im Schatten des Lago Maggiore
13,5 km lang und maximal 2,5 km breit ist der Lago d'Orta mit seiner steilen und rauen Westküste, deren Berge zu den Ausläufen des Monte-Rosa-Massivs gehören. Die Ostküste hingegen steigt sanft zum Mottarone auf, der den Orta-See vom Lago Maggiore trennt. Zeugnisse menschlicher Siedlungen reichen bis in die Eisenzeit. Von alters her arbeiten auch hier die Menschen in Steinbrüchen. In Alzo wird weißer Granit, durchsetzt mit schwarzen Punkten, abgetragen, in Oira schlägt man grünen Serpentin aus den Felsen.

Durch den Ort schlendern
Orta steht auf einer Halbinsel und hat den ruhigen Charme vergangener Zeiten. Die engen, malerischen Gassen, gesäumt von Renaissance- und Barockhäusern mit grauen Schieferdächern, führen auf die zum See hin offene Piazza Motta. Hier legen die Boote an, die Sie auf die Isola San Giulio (▶ S. 78) bringen. Im kleinen Palazzo della Comunità (Ende 16. Jh.), dem Rathaus mit offener Loggia und verblassten Fresken an der Außenwand, in dem einst Recht gesprochen wurde, finden heute Ausstellungen statt. Eine Außentreppe führt hinauf in den einzigen oberen Raum.

Vor dem Schaufenster mit den süßen Verführungen bleiben alle stehen.

Piemontesisches Ufer ▶ Lago d'Orta

Ein weiterer heiliger Berg
Man kann von der Pfarrkirche aus zu Fuß auf den bewaldeten Hügel des Sacro Monte steigen, den 1882 auch Friedrich Nietzsche und seine Muse Lou Andreas-Salomé besuchten.
Der 400 m hohe Berg gehört zum UNESCO-Weltkulturerbe. Er befindet sich in einem wunderschönen Naturpark, in dem 20 Kapellen mit 376 lebensgroßen Figuren und Fresken (1591–1770) vom Leben des hl. Franziskus von Assisi, dem Schutzpatron Italiens, erzählen (die Kapellen sind am Abend und bei Regen geschl.).

🏠 Urig und gemütlich
Al Boeuc
Uraltes kleines Weinlokal. Zu essen gibt's Salumi- oder Käseplatte, verschiedene *bruschette* und *bagna caoda*.
Via Bersani 28, T 339 584 00 39, www.alboeuc.beepworld.it, Mi–Mo 11–15.30 u. 18.30–1 Uhr

🍽 Wer die Wahl hat, hat die Qual
Es gibt wirklich gutes **Eis** in Orta, bei Arte del Gelato in der Via Olina oder bei Pan & Vino auf der Piazza oder schon am Dorfeingang bei Agrigelateria und weiter in Pella bei der Gelateria Antica Torre.

🍽 Nette Atmosphäre
Osteria San Martino
Versteckt in einer kleinen Sackgasse, kocht Sebastiano vor allem Gerichte aus dem Piemont. Vielleicht probieren Sie im Herbst/Winter einmal die *bagna cauda*, bei der verschiedene Gemüse in eine heiße Soße mit Sardellen, Knoblauch und Olivenöl gedippt werden.
Crabbia (5 km nördl. von Orta), Vicolo Chiuso 8, T 0323 197 51 77, Mi–So abends Sa/So auch mittags, im Sommer auch Mo, 45–50 €

🛍 Lektüre für die Ferien
Markt
Jeden Mittwoch ist Markt auf der schönen Piazza.

ℹ Infos
Ufficio I.A.T.: Orta San Giulio, Via Panoramica 2, T 0322 90 51 63, tgl. 10.30–13 u. 14–18 Uhr, im Winter nur Sa/So

---

IN DER UMGEBUNG

Kleine, interessante Museen
In **Quarna Sotto** (📍 A 7) erzählt das **Museo Etnografico e dello Strumento Musicale** von den Blasinstrumenten, die hier produziert und im 19. Jh. in alle Welt exportiert wurden. Es besitzt eine Sammlung von über 300 dieser Instrumente (Via Roma 7, T 33 85 62 21 91, www.museodellequarne.it, Mitte Juni–Mitte Sept. Di–Fr 14–19, Sa/So 10–12 u. 15–19 Uhr).
In **Omegna** (📍 B 7) an der Nordspitze des Sees, dem Hauptort Italiens für die Produktion von Haushaltswaren aus Metall, werden Designinteressierte das **Forum di Omegna** besuchen, das die Geschichte der Kaffeemaschinen, Dampftöpfe & Co, erzählt (Parco Maulini 1, T 0323 86 70 27, www.forumomegna.org, Di–Fr 9.30–12.30 u. 15–18, Sa/So 15–18 Uhr).
Im Nachbarort **Crusinallo** können Sie auf Schnäppchenjagd gehen, denn hier sind Outlets von Alessi, Lagostina, Piazza … mit ihren von bekannten Designern entworfenen Haushaltsgeräten.

> ### WASSERQUALITÄT
>
> Der Ortasee war stark verschmutzt und übersäuert, es gab kein Leben mehr darin. Von 1927 bis 1986 (!) hatte eine Kunstseidenfabrik ihre Abwässer in den See geleitet und die vielen Metall verarbeitenden Betriebe verstärkten das Problem noch. Erst mit dem Bau von Kläranlagen und dem Zufügen von reichlich Kalk kam es zu einer langsamen Regeneration. Heute ist das Wasser sehr sauber und Flora und Fauna sind wieder reichlich vorhanden.
> Auf dem Seegrund finden sich allerdings noch immer Ablagerungen von Schwermetallen.

Von Ungeheuern befreit – **Isola di San Giulio**

Von der malerischen Piazza Motta im idyllischen Städtchen Orta setzt man über auf die kleine, eng bebaute und sagenumwobene Isola di San Giulio. Sehenswert ist die im 4. Jh. gegründete, dann romanisch erbaute Kirche.

Die Piazza, auf der seit dem Jahr 1228 der Markt stattfindet, ist das Herz des Ortes. An anderen Tagen lädt sie zur Muße ein. Dann kann man einen Kaffee trinken und mit Blick auf die Insel mitten im See an die Wundertaten des hl. Julius denken.

Julius und die Schlangen

Der Legende nach war die Insel von schrecklichen Schlangen und Seeungeheuern bewohnt, bis Ende des 4. Jh. der hl. Julius aus Ägina (Griechenland) hier ankam. Da kein Fischer ihn übersetzen wollte, breitete er seinen Mantel aus, benutzte den Wanderstab als Ruder und vertrieb die Untiere von dem wüsten Felsen. Noch andere Wundertaten des Santo, der zum Schutzpatron der Maurer wurde, sind überliefert.

Eine lebendige Postkarte

Mit der Urkirche **San Giulio** 1, die der Heilige Julius angeblich selbst erbaute, verwandelte sich die winzige Insel, die gerade mal 175 x 140 m groß ist, im Laufe der Jahrhunderte in ein Juwel. Sie wurde das religiöse Herz der Gegend, von hier aus begann die Christianisierung. Später wurde sie zum Ziel für die Pilger, die vom Simplon-Pass über Genua nach Rom zogen. Im Lauf der Jahrhunderte ist die Insel eng bebaut worden. Doch ihr wichtigstes Gebäude ist die im 4. Jh. gegründete Kirche. Man betritt sie durch eine Seitentür, denn das Hauptportal zum See hin gehört zum Kloster.

Der heutige Bau ist aus romanischer Zeit. Als 1983 ein neuer Boden gelegt wurde, fand man

Signora Maria Antonietta Villa betreibt seit vier Jahrzehnten das einzige Ladengeschäft auf der Insel.

Reste der frühchristlichen Kirche. Die dreischiffige, innen weitgehend barockisierte Kirche ist reich an lebendigen Fresken verschiedener Epochen. Die ältesten stammen aus dem 16. Jh. Doch das Kostbarste ist ein Meisterwerk der norditalienischen romanischen Kunst: der Ambo (11. Jh.). Dieses auf vier verschiedenen Säulen ruhende Lesepult besteht aus schwarz-grünem Marmor (Pietra Serpentina), der aus Oira, einem Ort am See, stammt. Dargestellt sind die vier Evangelisten neben Fabelwesen, anthropomorphen Figuren, Tieren und Kriegern im Kampf zwischen Gut und Böse. Ihre Schatten verleihen ihm ein geheimnisvolles Leben. In der Krypta wird die silberne Urne mit den Reliquien des Heiligen bewahrt.

Kurios ist der fossile Wirbel, der in der Sakristei hängt. Ist er etwa von einem der Drachen oder Ungeheuer?

Etwa 70 Nonnen leben in strenger Klausur auf dem Inselchen und restaurieren Kirchenparamente.

Inselspaziergang

Ein kleiner Weg, ›Weg der Stille‹, schlängelt sich um die Insel, deren Privathäuser meist verschlossen sind. Hier gibt es nur ein einziges Lokal und einen kleinen Laden mit Souvenirs und Kunsthandwerk. Maria Antonietta führt ihn seit 40 Jahren und weiß alles über die Insel, die (abgesehen von den Klausurnonnen) nur in Ferienzeiten bewohnt ist.

INFOS/ÖFFNUNGSZEITEN

Anreise: Motorboote setzen Gäste auf die kleine Insel über: Orta–San Giulio, hin und zurück 4,50 €, Tagesticket für den ganzen See 9 €
Kirche San Giulio 1: April–Okt. Di–So 9–18.45, Mo ab 14, im Winter Di–So 9.30–12.15 u. 14–17, Mo ab 14 Uhr

KULINARISCHES FÜR ZWISCHENDRIN

Ristorante San Giulio 1: einziges Restaurant auf der Insel, T 0322 902 34, www.ristorantesangiulio.it, abends nur mit Vorbestellung, Di geschl.

Faltplan: A 9 | **Anreise:** von Stresa ca. 27 km, von Arona ca. 23 km

Lombardisches Ufer

Das im Norden raue, weniger bekannte Ostufer hat auch seine Vorteile: weniger Tourismus, Sonne am Abend, wenn das Westufer schon im Schatten liegt, und den großartigen Blick auf die hohen Berge der Schweiz und des Piemonts, allen voran den Monte Rosa. Mit dem Sacro Monte, dem Castiglione Olona und den Besitztümern des Fondo Ambiente Italiano (FAI) in Varese, Casalzuigno und Torba hat die Provinz Varese außerdem einiges an Kultur zu bieten.

Sesto Calende

📍 E 10

Eine eiserne Doppelbrücke für Auto- und Zugverkehr führt am Ende des Lagos über den Fluss Ticino auf die lombardische Seite. Als Tor zum Süden erlangte der schon in römischer Zeit wichtige Verkehrsknoten und Handelsplatz Sextum Calendum Bedeutung. Leider fiel nur die am Fluss gelegene Altstadt mit einer schönen Uferpromenade nicht der Bauwut der Nachkriegszeit zum Opfer. Jeden Mittwoch füllt sie sich mit bunten Marktständen.

Sesto Calende ist das Tor zum Flusspark **Parco Naturale del Ticino**, einem Biosphärenreservat der UNESCO, das sich am Ticino entlang bis Pavia erstreckt.

Zwei Kirchen und ein Abstecher in die Vorgeschichte

Die romanische Kirche **S. Donato** erreichen Sie vom Bahnhof zu Fuß in ca. 5 Min. Sie gehörte zu einem Benediktinerkloster (9.–11. Jh.) und beherbergt Fresken aus dem 15./16. Jh.
Knapp 1 km weiter steht einsam das romanische Kirchlein **San Vincenzo** wahrscheinlich an der Stelle eines vormals heidnischen oder spätrömischen Tempels mit Fresken aus dem 15./16. Jh. (leider meist geschl., die Fresken sind aber durch die Fenster zu sehen; Info bei der Bibliothek). Von hier sind es nur wenige Schritte in den Wald zu einem riesigen erratischen Felsblock, dem **Sasso della Preia Buia,** einem besonders großen unter den vielen Findlingen mit Schalensteinen und anderen prähistorischen Zeichen.

Noch mehr Prähistorie

Zwei Kriegergräber aus der Eisenzeit bezeugen, dass hier die Grenze des von Etruskern und Galliern umstrittenen Gebiets verlief, in dem sich in prähistorischer Zeit die Golasecca-Kultur (9.–5. Jh. v. Chr.) in einer Mittlerfunktion zwischen dem mediterranen Süden und dem keltischen Norden entwickelt hatte. **Golasecca** (📍 E 11) heißt der kleine Ort südlich von Sesto Calende, bei dem wichtige Funde gemacht wurden. Auf der Höhe der Autobahnpfeiler am Flussufer führt ein ausgeschilderter Weg durch den Wald zu den Gräbern der Golasecca-Kultur (ca. 20 Min.).
Einige Fundstücke beherbergt das **Museo Civico Archeologico** (Piazza Mazzini 1, T 0331 92 81 60, Eintritt 2 €). Die Funde aus den beiden Kriegergräbern befinden sich allerdings in Mailand und Varese. Übrigens befindet sich auch im Bahnhof des Mailänder Flughafens Malpensa Terminal 2 eine Dauerinstallation mit Ausgrabungsstücken der Golasecca-Kultur.

✱ Weinbars für Kenner
Holly Drink und Enoteca Olearo
Großvater verkaufte den Wein aus Fässern. Fabio und Massimo bieten eine große Auswahl an Weinen, von denen man täglich etwa 45 probieren kann. In der Küche wirkt Mutter Elena, man speist köstlich an kleinen Tischen. Cousin Federico hat schon vor 30 Jahren seine *enoteca* mit einer kleineren, aber exquisiten Auswahl an Weinen in einem urigen Raum mit niedriger Holzdecke eröffnet. Jeden Abend füllen sich beide Lokale zum Aperitif mit Sestesen, viele bestellen *veleno* (dt. Gift), ein von den Vätern der Olearos erfundenes, geheimes Wermutrezept.
Via Zutti 2, www.hollydrink.it, Mo–Sa 9–21, Fr–24 Uhr; Via Piave 30, www.enotecaolearo.it, Mo–Sa 9–12.30 u. 15.30–20 Uhr

ℹ️ Infos
I.A.T: Kiosk im Viale Italia gegenüber der zentralen Piazza, T 0331 91 98 74, 34 01 01 77 44, www.prosestocalende.it, April–Sept. Di–So 9.30–12, 14.30–18 Uhr

Lombardisches Ufer ▶ Angera

Sesto Calende war schon in römischer Zeit ein wichtiger Verkehrsknoten. Heute überqueren Autos und Züge hier den Ticino auf der zweistöckigen Eisenbrücke von 1868.

Angera 🗺 D 9

Schon von Weitem sieht man die gewaltige Burganlage Rocca di Angera! Sie thront hoch über dem Städtchen auf einem Kalkfelsen am südlichen Ende des Lago und beflügelt die Fantasie (▶ S. 84).

Stolze Burg

Militärisch und als Zufluchtsort spielte die Burganlage dank ihrer strategisch günstigen Lage an der schmalsten, nur 1,2 km breiten Stelle fast am Ende des Sees, wo der Ticino austritt und zum Po fließt, eine wichtige Rolle. Früher stand genau gegenüber in Arona ihr Zwilling, eine ebenso mächtige, später von Napoleon geschleifte Burg. Gemeinsam beherrschten sie den Zugang zum See. Merkwürdig wirkt die nie vollendete Kirche **Madonna della Riva** an der schönen Uferpromenade. Denn rund um die Kapelle mit einer hoch verehrten, Blut weinenden Madonna sollte ein gigantischer Bau entstehen, doch es blieb nur bei dem Chor.

Steinalte Brötchen
Museo Archeologico

In einem der Altstadt-Gässchen zeigt das kleine Museum Funde aus prähistorischer und römischer Zeit. Einige stammen aus der Tana del Lupo oder auch Antro di Mitra gennanten Höhle unterhalb der Burg. Vor Kurzem wurden hier auch Wandmalereien aus dem Jung-Paläolithikum entdeckt. Die Höhle selbst ist nicht zu besichtigen. Etwas Besonderes sind die 2000 Jahre alten *panini di Angera*, ›Brot‹ aus einer Nekropole.

Via Marconi 2, T 320 465 34 16, www.angera.it, Mitte Mai–Mitte Sept. Do 10–13, Sa/So 14.30–18.30, Febr.–Mai, Sept.–Dez. Mi/Do 10–13, So 14.30–18.30 Uhr

🏨 Mit Privatstrand
Hotel Lido Angera

Liegt hier als einziges Hotel direkt am See, mit Garten und eigenem Strand. Die einfachen Zimmer sind mit allem ausgestattet, was man braucht. Im renommierten Restaurant mit Panoramaterrasse gibt es feine Gerichte.

Viale Libertà 11, T 0331 93 02 32, www.hotellido.it, DZ/Frühstück 120–140 €, Restaurant Mo mittags geschl., *primi* 15–18 €, *secondi* ca. 20 €

Stolze Burg mit Puppenmuseum – **Rocca di Angera**

Die mächtige Burg hoch über dem Städtchen erzählt ihre glorreiche Geschichte, die schon im Mittelalter begann. Ihr sehenswertes Puppenmuseum lädt ebenfalls zu einer Zeitreise ein.

Die Visconti, Herrscher über die Lombardei, ließen die **Burg** 1 auf den Resten einer früheren römischen Befestigung errichten. Später ging sie in Borromeo-Besitz über und gehört noch heute der Familie. Eine hohe, zinnenbekrönte Mauer umschließt vier Gebäude um einen Innenhof. Der älteste Teil ist die hohe Torre Castellana aus dem 13. Jh. Unter den Borromeo entwickelte sich die Burg zum herrschaftlichen Palast. Im 16./17. Jh. ließen sie den Südflügel erbauen, durch den man die Burg betritt.

Puppenhäuser und ihre Bewohner

Im Erdgeschoss und ersten Stock befindet sich das sehenswerte **Museo della Bambola**. Es zeigt wertvolles Spielzeug aus zwei Jahrhunderten aus der Privatsammlung der Prinzessin Bona Borromeo. Kostbar gekleidete Puppen unterschiedlichster Machart warten dort in sorgfältig eingerichteten Puppenhäusern auf Besuch. Bemerkenswert ist die Sammlung perfekt funktionierender mechanischer Puppen. Darüber hinaus gibt es Stofftiere, Blechspielzeug und hübsche Bilderbücher, bei deren Anblick man ins Träumen gerät.

Sternzeichen und Schlachten

Die **Sala della Giustizia** im Visconti-Flügel schmücken faszinierende Fresken eines unbekannten Künstlers aus dem 14. Jh. Es handelt sich um einen der umfassendsten Zyklen weltlicher Darstellungen, die aus dem Mittelalter erhalten sind. In prachtvollen Farben erzählen sie Szenen vom Triumph des Erzbischofs Ottonen Visconti 1277 über seinen verbissensten Gegner, Napo Torriani, dessen Gefangennahme und Einkerkerung in ei-

---

In den großen Sälen des *piano nobile* im ersten Stock hängen Bilder, die die Geschichte der Familie Borromeo erzählen und feiern. Die interessantesten Fresken stammen aus dem Palazzo Borromeo in Mailand. Ein Gemälde zeigt den hl. Carlo Borromeo mit dem strengen Gesicht des Fanatikers, der als glühender Gegner der Reformation das Konzil von Trient durchführte.

nen Käfig im Turm von Baradello bei Como, wo er elendig starb. Des Weiteren sieht man die Ansprache des Erzbischofs an seine Truppen und den Einzug in Mailand, der die Visconti-Signoria-Dynastie in Mailand begründete. Die Lünetten darüber zeigen Planeten und Tierkreiszeichen, die menschliche Begebenheiten mit der Astrologie verbinden.

Am Ende dieses prächtigen Saals steigt man zunächst über eine Holztreppe auf die Torre Castellana. Von hier oben genießt man einen der schönsten Blicke auf die Burganlage und ihre zinnengekrönten Mauerringe, aber auch auf den See und die Berge dahinter.

Ein mittelalterlicher Garten

Nach langem Studium mittelalterlicher Kodexe und Schriften entstand innerhalb der Burgmauern unter der Aufsicht von Experten ein Garten nach festgelegten Regeln und Geometrien. Im Mittelalter sollten diese Gärten eine Vorstellung vom verlorenen Paradies auf Erden vermitteln. Mit der Entdeckung Amerikas und der Einführung neuer Pflanzen gerieten sie in Vergessenheit, eine Revolution in der Gartengeschichte Europas begann. Heute bildet der mittelalterliche Garten zusammen mit dem Barockgarten der Isola Bella und dem romantischen Park der Isola Madre eine borromäische Trilogie von Landschaftsgärten.

Von dem kleinen Naturschutzgebiet Oasi della Bruschera hat man einen schönen Blick auf die Rocca di Angera.

INFOS/ÖFFNUNGSZEITEN
Rocca di Angera 1 : Via della Rocca, T 0331 93 13 00, www.isoleborromeo.it, Mitte März–Mitte/Ende Okt. tgl. 9–17.30 Uhr, 9,50 €, Kinder (6–15 Jahre) 6,50 € (Sammelticket ▶ S. 66), Bookshop und Bar

---

KULINARISCHES FÜR ZWISCHENDRIN
La Piazza 5 1 : Stärken kann man sich in diesem Lokal an der Seepromenade. Mittags und abends bietet Silvia eine *piccola cucina*, d. h. jeweils drei *antipasti, primi* und *secondi* zur Auswahl, hausgemachte Pasta und Fisch aus dem See (Piazza Garibaldi 5, T 0331 07 31 10, Mi geschl.).

Faltplan: D 9 | **Anreise:** per Linienschiff, **Bus** oder Auto

DIE BORROMEO

Macht- und Besitzerweiterungen
Zeitweilig schuf das Geschlecht der Borromeo wirklich einen Staat im Staat. Man spielte geschickt Schweizer wie Franzosen gegeneinander aus und sicherte sich auf diese Weise den eigenen Machtanspruch. Nach und nach kauften die Grafen von Arona, deren Oberhaupt später sogar den Prinzentitel erhielt, auch noch die Inseln auf dem Lago. Noch heute gehören die Rocca di Angera, große Ländereien, die Inseln und das Fischereirecht ringsum sowie ein großer Teil des Mottarone, auf dessen Zufahrtsstraße man von Stresa kommend Maut bezahlen muss, den hohen Herren mit dem Namen Borromeo. Vielleicht zeigt dieser Umstand am besten, wie sehr das Leben am Lago Maggiore nach wie vor mit der berühmten Familie verknüpft ist.

🏠 Fernab vom Gewühl am See
Locanda La Casetta
Fünf komfortable, individuell eingerichtete Zimmer mit großen Betten. Frühstück wird nebenan im Pratello der Vecchia Capronno serviert.
Piazza Matteotti 8, T 0331 95 69 51, 340 969 06 57, www.locandacasetta.it, ganzjährig geöffnet, DZ mit Frühstück 110 €

🍴 Nette Atmosphäre
Vecchia Capronno
Man sitzt an Holztischen unter einem Ziegelgewölbe. Die Brüder Carmine und Vincenzo verköstigen ihre Gäste mit Suppen, Polenta, hausgemachter Pasta und Fleischgerichten. Gute Weine. Im Pratello nebenan gibt es verschiedene Events wie Kochkurse, Musikabende … Im Sommer sitzt man draußen.
In Capronno, Piazza Matteotti 7, T 0331 95 73 13, www.vecchiacapronno.it, werktags ab 19, So, Fei ab 12 Uhr, Mo Ruhetag, *primi* 13–15 €, *secondi* 20–25 €

🍴 Am Wasser
Pizzeria Damino
Obwohl die Pizza nicht aus dem Holzofen kommt, ist sie köstlich. Es gibt auch Salate, *primi* und einige kalte Gerichte. Man sitzt direkt am See.
Viale Pietro Martire 34, T 0331 93 04 98, www.pizzeriadamino.it, Di–So 12–15, 19–24 Uhr

🍴 Ideal für einen Sundowner
Il Molo
Kleingkeiten, Salate und köstliches Gebäck mit Blick auf Wasser und Berge. Sehr beliebt zum Aperitif, im Sommer Do Livemusik. Bootanleger nebenan.
Im Nachbarort Ranco, Via Lungolago, T 0331 97 51 90, tgl. 8–0 Uhr

WEIN

In der Rocca erinnert eine riesige Weinpresse aus dem 18. Jh. an die Zeit, als Angera noch ein wichtiges Weinanbaugebiet war. In den letzten Jahren hat man hier wieder begonnen Wein anzubauen. Seit 2007 hat der Ronchi Varesini – benannt nach den Terrassen, auf denen er wächst – das Qualitätszeichen IGT. Man bekommt ihn in den örtlichen Restaurants und in der Azienda Agricola Cascina Piano (Via Val Castellana 31, T 0331 93 09 28).

Ispra 📖 D/E 8

Ispra ist einer der wenigen Orte am Lago Maggiore, in dem man einen längeren Spaziergang am Wasser machen kann. Am Hotel Europa oder hinter der Kirche erreicht man den See. Ein schöner Weg, der Sentiero delle Fornaci, führt zu alten Kalkbrennöfen.

Einer der saubersten Badeseen ist der **Lago di Monate** (E 9). In Cadrezzate gibt es zwei schöne gepflegte Strände mit Café, Restaurant, Kanu- und Tretbotverleih, die allerdings Eintritt kosten. Im See wurden Pfahlbautenreste und ein Einbaum gefunden, die im Stadtmuseum von Varese zu sehen sind.

Atom- und Klimaforschung
Dokumente aus der Dombauhütte von Mailand erwähnen schon im 14. Jh. Ziegel, die vom Lago Maggiore kamen. Heute findet man insbesondere zwischen Angera und Ispra, aber auch in Caldè (▶ S. 102) Kalkbrennöfen aus dem 19. Jh. Seit zu Beginn der 1960er-Jahre in Ispra das größte Atomforschungszentrum der EU, EURATOM, entstand, hat sich Ispras Bevölkerung (5000 Einw.) multikulturell erweitert. Im heutigen **Joint Research Center** wird unter anderem an Reaktorsicherheit und Umweltproblemen gearbeitet.

Besozzo E 7/8

Der Ort ist zweigeteilt: Im schönen alten Ortskern Besozzo Superiore gibt es eine kleine Jugendherberge und ein gern besuchtes Restaurant. Im unteren, modernen Ortsteil Besozzo Inferiore mit Geschäften und Banken lohnt die Weinhandlung einen Besuch.

Auch Bungalows
Camping Lido
Ruhig gelegener, für Familien geeigneter Campingplatz fern der Hauptstraße direkt am Lago im Ortsteil Monvallina. Freitag- und Samstagabend im Sommer Tanzmusik im benachbarten Lido.
Monvalle (5 km westl.), Via Montenero 51, T 0332 79 93 59, www.campinglidomonvalle.it

Schöne Veranda
Osteria del Sass
Die Speisen werden sehr schön präsentiert und gut mit Weinen kombiniert.
Via Sant'Antonio 17/b, T 0332 77 10 05, http://osteriadelsass.it, Di geschl., *primi* 12 €

Weine aus ganz Italien und mehr
Enoteca Bottazzi
Großvater Nello öffnete 1957 diese Weinhandlung, die zu einer der besten der Gegend geworden ist. Familie Bottazzi berät jeden Kunden bestens.
Via L. Roncari 30, T 0332 77 02 22, www.bottazzi1957.com

Schwäne verleihen jedem Gewässer gleich eine elegante Note.

Laveno E 6

Laveno liegt zu Füßen des steil aufragenden Sasso Ferro und hat den einzigen natürlichen Hafen des Ostufers. Es liegt schön und zentral, hat einen kleinen Yachthafen, ein paar Supermärkten, Restaurants, Eisdielen und am Dienstag einen viel besuchten Markt. Bis in die 1970er-Jahre hinein war Laveno ein wichtiger Standort der Keramikindustrie.

Startpunkt für Ausflüge in die Umgebung
Von Laveno kommt man mit dem Zug über Varese nach Mailand und mit der einzigen Autofähre ans Westufer des Lago (▶ S. 52). Eine Seilbahn führt auf den bei Gleitschirm- und Drachenfliegern beliebten Hausberg Sasso del Ferro. Während des Risorgimento, der Bewegung für die Unabhängigkeit und

Adlernest über dem See – **Santa Caterina del Sasso**

An einer steilen Felswand klebt über dem Ostrand des Sees bei Reno die kleine, uralte Klosteranlage Santa Caterina del Sasso. Vor allem am Nachmittag wird sie in ein besonders schönes Licht getaucht, das den Zauber von Kunst und Natur vereint. Den besten Blick auf das zwischen Himmel und Wasser an den Felsen geschmiegte Kloster hat man vom See aus.

Stimmungsvoll sind im Sommer die Konzerte, zuweilen auch auf der schönen kleinen Orgel (18. Jh.).

Falls Sie nicht vom See kommen, sollten Sie zu Fuß gehen, die vielen Stufen hinabsteigen und nicht den Fahrstuhl nehmen, denn sonst versäumen Sie die Aussicht auf den See und das Westufer. Sie würden auch die Blicke derer versäumen, die wieder hinaufsteigen und wissen, was einen unten erwartet. Nehmen Sie sich die Zeit, sich Schritt für Schritt auf das Kloster einzustimmen.

Vom Schiffbrüchigen zum Seligen

Die **Klosteranlage** 1 erhebt sich einsam unter dem Felsenrand, der an der tiefsten Stelle des Lago Maggiore steil ins Wasser absteigt. Die Legende erzählt vom seliggesprochenen Alberto da Besozzi, einem reichen Tuchhändler, der im 12. Jh. Schiffbruch erlitt. Er gelobte der hl. Katerina von Alessandria, im Fall seiner Rettung sein Leben als frommer Einsiedler zu verbringen. Bald pilgerten Menschen zu ihm, die ihn als Heiligen verehrten.

Die erste Kapelle entstand Ende des 12. Jh. Unter verschiedenen Mönchsorden wurde das Kloster errichtet und trotz der gefährlichen, vom Felsrutsch bedrohten Lage ständig erweitert. Die einzelnen Bauperioden sind noch klar erkennbar.

Kleinod des Varesotto

Man betritt zunächst den **Convento Meridionale** (15.–19. Jh.), dessen ältester Teil ein schöner Kapitelsaal mit Fresken aus dem frühen 15. Jh. ist. Darunter befinden sich großartige Fragmen-

Ein architektonischer Traum an der Steilwand: Santa Caterina del Sasso

te einer Kreuzigungsszene und auf der anderen Seite erzählt uns ein Fresko von der Heilung eines gebrochenen Pferdebeins.

Unter den Arkaden des eleganten Conventino aus dem 14. Jh sieht man leider nur noch verblasste Reste eines Totentanzes. Erst dann gelangt man durch einen Säulengang zur eigentlichen Kirche. Sie ist aus drei Kirchen verschiedener Epochen zusammengewachsen, aus einer ersten kleinen **Kapelle** (12. Jh.) und zwei weiteren Kapellen: **San Nicolao** mit kunsthistorisch hochinteressanten Fresken aus dem 14. Jh. sowie **Santa Maria Nova.**

Wie durch ein Wunder kam 1640 eine Steinlawine noch rechtzeitig zum Stillstand. Ein riesiger Brocken blieb im Dach der Kirche hängen, erst 1910 rasselte er runter. Hier liegt in einem gläsernen Sarg der selige Alberto da Besozzi.

Im 19. Jh. wurde das Kloster säkularisiert und dann lange dem Verfall überlassen. In den 1970er-Jahren begann man mit der Restaurierung – und die Provinz Varese erhielt ein Kleinod. Seit April 2019 haben Franziskanermönche von Betanien die Einsiedelei übernommen.

Einkehren können Sie in Reno im **Circolo** ❶ (Via Brughiera 2, T 0332 64 88 94, http://circolodireno.it) oder an der Uferpromenade im **Bistrot Laguna Blu** ❷ (Via Max Hotz, T 0332 64 75 45, www.bistrotlagunablu.it).

INFOS/ÖFFNUNGSZEITEN
Santa Caterina del Sasso ❶: T 0332 64 77 60, www.santacaterinadelsasso.com, April–Sept. 9.30–19.30, Okt.–Ende März Mo–Fr 13.30–18, Sa/So 10–18 Uhr, keine Besichtigung während der Messen, Eintritt 5 €, Aufzug 2 €. Man kann von Santa Caterina mit dem Schiff zu den Isole Borromee fahren.

IN FREMDEN BETTEN
Im Ortsteil Reno (15 Min. zu Fuß) steht das kleine, einfache, familiengeführte **Hotel Riva Meublé** ❶ direkt am See. Schöner Blick von den Balkonen und der schattigen Terrasse (Via Lungolago 14, T 0332 64 71 70, März–Okt., www.albergoriva.it, DZ mit ital. Frühstück 90–150 €; Liegen am Privatstrand 5 €/Tag).

Faltplan: D 7 | **Anreise:** von Angera ca. 15 km, von Luino ca. 23 km

Lombardisches Ufer ▶ Laveno

Eine Wunderkammer erwartet Sie in Lavenos Ortsteil Mombello mit dem **Museum of Anthropocene Technology**: Das Kuriositätenkabinett will dabei helfen, unser chaotisches Zeitalter besser zu begreifen (Besichtigung n. V., www.museocasanova.it).

nationale Einheit Italiens in der ersten Hälfte des 19. Jh., war Laveno ein wichtiger österreichischer Militärhafen. In den 1880er-Jahren entwickelte es sich durch die Bahnverbindung Ferrovie Nord nach Mailand zu einem wichtigen Warenumschlagplatz.

🏠 Ein Balkon überm See
Locanda Pozzetto
Weit schweift der Blick über den See. Aus dem einstigen Bauernhaus wurden ein luxuriöses Hotel und ein viel gelobtes Restaurant. Neun Zimmer bieten Ruhe und Komfort.

Von der Isola dei Pescatori blickt man über den See auf den Sasso del Ferro, den Hausberg von Laveno.

Via Montecristo 23, T 0332 66 63 35, www.locandapozzetto.it, DZ mit Frühstück ab 120 € Degustationsmenü 45/55 €

🏠 Mit Deckengemälden
B&B Villa Clementina
Drei große Zimmer in einer alten, am Hang gelegenen Villa. Cinzia Nicli ist eine zuvorkommende Gastgeberin, die ihre Gäste vom Bahnhof abholt, berät und Ihnen ein reiches Frühstücksbüfett bereitet. Sitz- und Liegemöglichkeiten im Garten.
Via Valdinacca 6, T 0332 66 89 30, Mobil 034 95 92 65 49, www.villa-clementina.it, Mitte März–Mitte Dez., 2 DZ zu 80 €, 1 DZ mit Seeblick zu 90 €

🏠 Jugendherberge
Ostello Casa Rossa
In einem ehemaligen Bauernhaus entstand diese nette, kleine Jugendherberge mit sieben Zimmern.
Via Roma 23, T 0332 66 98 20, Mobil 034 88 12 11 12, DZ 65–80 € ohne Frühstück

🍽 Blick auf den Hafen
Hostaria del Golfo
Essen mit schönem Blick auf die Bucht, lokale und saisonale Gerichte.
Piazza Marchetti 2, www.hostariadelgolfo.com, T 0332 66 69 75, Mo und Di mittags geschl., Fischmenü ca. 28 €, à la carte 35–45 €

🛒 Käsekunst
MozzArt
Wenn Sie morgens früh genug kommen, können Sie Roberto beim Mozzarellamachen zusehen. Täglich Frischkäse aus der Milch eines nahen Bauernhofes und apulische Käsesorten.
Via Martiri della Libertà 64, T. 0332 62 69 76, Mo/Di geschl.

ℹ Infos
Informationsbüro neben dem Bahnhof gegenüber der Schiffsanlegestelle, Piazza Europa 1, T 0332 150 70 98, tgl. 9–12.30 u. 15–18 Uhr
Beim Club Alpino Italiano (https://cailavenomombello.it) in Laveno ist eine gute, neue **Wanderkarte** (»Valli del Verbano«, 1:25 000) der Berge und Täler der Ostseite des Lago Maggiore erhältlich.

Lombardisches Ufer ▶ Sasso del Ferro

IN DER UMGEBUNG

Keramikdesign
In dem kleinen, zu Laveno gehörenden Ort Cerro (📕 D 7) rund 2 km südlich fernab der Hauptstraße besitzt der **Palazzo Perabò** (16. Jh.) eine interessante Keramiksammlung, die an die wichtigste Produktion der Gegend erinnert. Hier sind Vasen, Skulpturen, kunstvoll bemalte Teller, aber auch aufs Feinste gearbeitete Nachttöpfe sowie moderne Arbeiten ausgestellt. Auch wechselnde Ausstellungen, im Sommer Konzerte klassischer Musik und Filmprojektionen im Innenhof (www.midec.org, Di 10–12.30, Mi–So 10–12.30 u. 14.30–17.30, Juni–Sept. Sa/So, Fei 10–12.30 u. 15–18 Uhr, Eintritt 5 €, Kinder bis 14 Jahre gratis).

Sasso del Ferro
📕 E 6

Der über Laveno aufragende Gipfel ist wegen der besonderen Thermik auch für Drachen- und Gleitschirmflieger (▶ S. 110) ein beliebtes Ziel – mit einzigartigem Panorama. Der kurze, steile Aufstieg mit der Seilbahn (etwa 20 Min.) zum Gipfel lohnt sich, denn die Aussicht von hier oben ist fantastisch.

Lavenos Hausberg
An klaren Tagen schweift der Blick zum Monte Rosa, nach Mailand, über die Poebene und zum Apennin. Die Wanderung hinunter nach Laveno dauert ca. 1,5 Std. Die zweite Hälfte ist allerdings steil und steinig. Unterwegs können Sie bei Gigliola (s. u.) einkehren.
Seilbahn: Via Tinelli, 15, T 0332 66 80 12, www.funiviadellagomaggiore.it, April–Okt. Mo–Fr 11–17.30, Sa/So bis 18.30, im Sommer oft auch bis 22.30 Uhr, im Winter Sa/So 11–16 Uhr, Bergfahrt 7 €, Berg- und Talfahrt 10 €, Kinder 5/7 €

Atemberaubende Blicke
Pizzoni di Laveno 📕 E 6
Von Casere führt ein Weg auf die Pizzoni di Laveno und weiter zum Passo Cuvignone, zurückgehen kann man unterhalb der geteerten Straße. Der stellenweise recht steile Weg erfordert Trittsicherheit und Schwindelfreiheit. Diese Gratwanderung bietet grandiose Blicke auf den See (etwa 2/3 Std.). An klaren, trockenen Wintertagen ist dieser Ausflug besonders schön. Man muss jedoch sehr aufpassen und sollte nicht gehen, wenn Rutschgefahr besteht.

CIRCOLI

In manchen Orten gibt es einen *circolo*, ein einfaches Lokal, in dem die Männer des Dorfes bei einem Glas Wein sitzen, Karten oder draußen Boccia spielen. Dort kann man meist auch einfach und preiswert essen, so z. B. in Cerro, Via Buonarotti 18, T 0332 66 73 14, in Reno, Via Brughiera 2, T 0332 64 88 94 (▶ S. 89) oder in Arolo, Via Volta 55, T 0332 64 77 16.

🍴 Grandioser Blick auf den See
Capanna Gigliola
Seit fast 50 Jahren führt die Familie Papini das Restaurant. Hier kehren müde Wanderer, aber auch große Gesellschaften ein. Es gibt immer Polenta, hausgemachte Tagliatelle, im Herbst Wild und Pilze. Vater Vittorio brennt eigenen Schnaps.
Casere, T 0332 60 22 66, www.ristorante-gigliola.it, Di geschl., Jan., Febr. nur Sa/So geöffnet. Es gibt 2 Menüs zu 25 und 30 € oder à la carte etwas teurer

🍴 Polenta auf dem Holzfeuer
Rifugio De Grandi Adamoli
Enrico und Daniela mit Hund Lupetta haben die Hütte unterhalb des Passo Cuvignone übernommen. Man erreicht sie entweder von Cittiglio/Vararo oder

Lombardisches Ufer ▶ Cittiglio

Erfrischend: der untere Wasserfall von Cittiglio im schattigen Wald

von Castelveccana/Sant'Antonio. Schnell hat sich herumgesprochen, wie gut und günstig man hier speist und oft findet man keinen Platz mehr. Es gibt immer Polenta vom Holzofen, dazu Schmorbraten, Wild, Pilze oder Käse. Generell von Ostern bis Ende Okt. geöffnet (im Winter auch an Wochenenden), allerdings je nach Wetter und Voranmeldungen. Unbedingt vorher anrufen und nachfragen!
Verdauungsspaziergang? Nur drei Gehminuten hinter der Berghütte erreichen Sie den Poggiolo, einen der schönsten Aussichtspunkte auf den See und die dahinterliegenden Berge.
Alpe Cuvignone 2, T 366 701 27 35, Menü 25 €

Cittiglio E 6/7

Ein im Sommer erfrischender Ausflug führt zu drei übereinanderliegenden Wasserfällen in Cittiglio.

Gutes Schuhwerk erforderlich
Man folge den nicht immer gut sichtbaren Schildern ›Cascate‹. Der untere liegt im Sommer manchmal trocken, der Weg zum zweiten ist an manchen Stellen für Kinder gefährlich zu gehen, der zum dritten ist leider abgerutscht und zurzeit nicht begehbar.

Für Radfans
Museo Alfredo Binda
Vor dem Bahnhof in Cittiglio, an der Piazza Binda, befindet sich das Museo Alfredo Binda, das sich dem Leben des 1986 verstorbenen Radrennprofis widmet.
T 0332 60 14 67, Di, Do 15–18, Sa/So 9.30–12 Uhr, sonst n. V., Eintritt frei

Vom Feld auf den Teller
Azienda Agricola Sciareda
Dieser Bio-Hof bietet am Wochenende traditionelle, saisonale Küche mit Gemüse aus dem eigenen Garten, Eiern und Fleisch von eigenen Tieren. Mutter Marina kocht, Sohn Matteo ist für die *risotti* und *pizzoccheri* zuständig, während Tochter Veronica bäckt. Einfach und rustikal.
Via Laveno 80, mobil 346 860 22 97, nur auf Vorbestellung Fr und Sa abends, So mittags, festes Zwei-Gänge-Menü 25, drei-Gänge-Menü 30 €, Getränke extra

Gemonio 🗺 E 7

Hier steht eine der schönsten romanischen Kirchen der Gegend: San Pietro aus dem Jahr 1000 mit Fresken des 13. bis 14. Jh. und einem frühchristlichen Altar, der wahrscheinlich aus der langobardischen Gründungszeit im 7. Jh. stammt.

Museum in altem Bauernhaus
Im Sommer finden in der Kirche manchmal Konzerte statt (Infos unter IAT Varese ▶ S. 96).
Darüber hinaus bietet das **Museo Civico Floriano Bodini** eine sehenswerte Sammlung mit Skulpturen und Grafiken sowie eine Kunstbibliothek (Via Marsala 11, Gemonio, www.museobodini.it, Sa/So 10.30–12.30 u. 15–18 Uhr, 5 €).

Casalzuigno 🗺 F 6

Ein wahres Kleinod befindet sich in Casalzuigno: die mit Rokokofresken geschmückte Villa della Porta Bozzolo mit einem wunderschönen Garten. Aus einem Landgut aus dem 16. Jh. wurde im 18. Jh. eine prunkvolle Sommerresidenz.

Italienischer Barockgarten
Ende 17. Jh./Anfang 18. Jh. wurde ein perspektivisch genialer Barockgarten angelegt: eine gewaltige Treppenanlage mit vier Terrassen und einem Rasentheater in Form einer runden, leicht abschüssigen Wiese, mit abschließendem großen Brunnen. Dahinter erklimmt man auf einem Zickzackweg, einer Art Himmelstreppe zwischen Zypressen, die Hügelkuppe.
In der **Villa della Porta Bozzolo** schreitet man durch eine Flucht von freskengeschmückten Räumen, darunter den Ballsaal und die Schlafzimmer mit Baldachinbetten, und genießt immer wieder Blicke auf Garten und Innenhof.

Am schönsten präsentiert sich die Villa della Porta Bozzolo mit ihrer Blumenpracht im Sommerhalbjahr. Oft wird sie für eine der vielen, vom FAI (dem sie heute gehört ▶ S. 99) organisierten Ausstellungen oder Aktivitäten genutzt, und in jeder Ecke ist etwas Interessantes zu bestaunen. Der Keller und die Wirtschaftsräume erzählen uns von der Zeit, als hier noch Wein angebaut und gekeltert sowie Seidenraupen gezüchtet wurden (T 0332 62 41 36, www.fondoambiente.it März–Sept. Mi–So 10–18, Okt.–8. Dez. bis 17 Uhr, Erw. 9 €, Kinder 4 €, bei Ausstellungen variiert der Preis).

🛒 Direktverkauf
Bassetti
Ca. 1 km hinter der Villa di Porto Bozzolo in Richtung Luino liegt linker Hand dieses Geschäft, in dem man Bettwäsche, Handtücher, Granfoulard etc. aus Restbeständen oder als zweite Wahl günstig kaufen kann.
Via Provinciale 5, Cuveglio, T 0332 62 41 54, Mo–Sa 9.30–13 u. 14–19 Uhr

🥾 Wandern
Ab Arcumeggia (🗺 F 6) von einem Heiligen zum nächsten
Nach **San Antonio** läuft man etwa 30 Min. Hier öffnet sich der Blick wieder auf den Lago Maggiore.
Von hier läuft man in etwa 45 Min. zur **Alpe San Michele** – ein weiterer, wunderschöner Aussichtspunkt. Auch hier steht ein romanisches Kirchlein mit einer Einkehrmöglichkeit (mobil 339 235 34 96, ganzjährig an Wochenenden geöffnet).
Oder man läuft von Arcumeggia auf den Berg **San Martino** (ca. 2 Std.). Wenige Schritte unterhalb des Gipfels erinnert eine Gedenkstätte an eine Partisanenschlacht im November 1943. Weiter geht es auf den **Monte Colonna** (ca. 45 Min). Von hier kann man wiederum nach **San Michele** (2 Std.) weiterlaufen. Der Weg ist allerdings im Sommer, wenn alles grün überwuchert ist, nicht ganz einfach zu finden (Gesamtdauer des Rundwegs etwa 6 Std.).

13

Mühle und Freskendorf – **Cocquio und Arcumeggia**

Den Bildern von Innocente Salvini begegnen wir erst in der alten Mühle, in der er sein ganzes Leben verbrachte, und dann in dem bemalten Bergdorf Arcumeggia: Das Dorf ist der Prototyp dieser Form der Kunst im öffentlichen Raum in Italien.

Am Dorfrand von Cocquio steht eine **alte Mühle** 1. Ihr Getriebe funktioniert noch und manchmal klappern die alten Räder am rauschendem Bach. Mais wurde hier gemahlen, aus dem man die sättigende Polenta zubereitete.

Mühle zum Malen

In den Räumen, in denen Innocente Salvini (1889–1979) einst mit seiner Familie lebte, hängen heute seine Bilder. An den Außenwänden sind seine Fresken zu sehen: Porträts seiner Eltern und Geschwister, Alltagsszenen mit den Menschen, die ihm nahe standen. Wunderbare, zeitlose Bilder mit einer Mischung aus Harmonie und Melancholie. Salvini hat nie geheiratet. Er hat sein ganzes Leben mit seiner Leidenschaft, der Malerei, in Cocquio verbracht.

Die Wandbilder in Arcumeggia entstanden in enger Zusammenarbeit mit den Dorfbewohnern.

Schon als Junge stellte er seine Farben selbst her: Rot aus zerbröckelten Ziegelsteinen, Grün aus Gräsern … Er besuchte später auch ein paar Abendkurse in Mailand, doch hat er mit einem besonderen Gespür für Farben seine ganz eigene Technik und Chromatik entwickelt. Schatten werden bei ihm Lichter in Komplementärfarben. In manchen Bildern meint man, die freundliche Kustodin, eine seiner Nichten, zu erkennen. Doch sie ist nur das Baby in dem schönen Fresko draußen, auf dem die ganze Familie (13 Personen) an einer langen Tafel um die goldgelbe Polenta in der Mitte versammelt ist. Der Maler selbst, halb grün, halb weiß, steht mit Hut am Rande. So erinnert man ihn hier auch noch: immer mit seinem großen Hut.

Arcumeggia eignet sich auch gut als Ausgangsort für Wanderungen.

Open-air-Museumsdorf

Das über ein kurvenreiches Sträßchen erreichbare Dorf **Arcumeggia** 2 am Fuße des Monte Nudo war, wie viele andere Bergdörfer, von bäuerlicher Auswanderung bedroht. 1956 begann eine sensationelle Initiative: Man lud namhafte Künstler aus ganz Italien ein, die Hauswände zu bemalen. Zwischen steilen, schmalen, steingepflasterten Gassen am Hang entstand das erste Freilichtmuseum dieser Art in Italien, inzwischen gibt es über 200.

Hier treffen wir das schöne Fresko von Salvini wieder, auf dem die ganze Familie um die Polenta steht. Themen der meisten Fresken waren die Emigration und das Leben auf dem Land sowie religiöse Szenen. Und auch der in Italien leidenschaftlich geliebte Radrennsport wird hier gefeiert.

Eng war die Zusammenarbeit zwischen den Künstlern und den Maurern, denn die mussten den feuchten Putz vorbereiten, auf dem das Fresko gemalt wurde, bevor der Putz trocknete. Zum Dank haben einige Maler die hilfreichen Einwohner auf den Fresken verewigt.

SKANDAL

Einen Skandal und eine Anzeige löste 1959 ein Bild mit vier nackten »Frauen aus Arcumeggia« aus. Sie wurden übermalt und heißen heute »Il trionfo di Gea«.

INFOS/ÖFFNUNGSZEITEN
Museo Salvini 1: Contrada Salvini, Cocquio, T 0332 60 21 61, April–Ende Okt. Mi/Sa/So 15–18 Uhr, Eintritt frei

---

KULINARISCHES FÜR ZWISCHENDRIN
Locanda del Pittore 1: An liebevoll gedeckten Tischen werden viele verschiedene Risotti je nach Saison serviert, oder besagte Polenta mit Wild- oder Rindspezzatino. Ein Tris (ein Teller mit drei verschiedenen Risottos) kostet z. B. 15 €, Polenta mit Spezzatino 13 €. Schön sitzt man auf der Terrasse mit Blick aufs Tal. Es gibt auch sieben einfache Zimmer mit Bad (Via Malcotti 1, Arcumeggia, T 0332 65 01 16, März–Okt. und in der Weihnachtszeit tgl. außer Di, Nov. und Febr. nur Fr–So geöffnet, DZ 55 € ohne Frühstück).

Faltplan: F 6/7 | **Anreise:** Cocquio liegt auf halber Strecke zwischen Laveno und Varese (ca. 22 km), von dort ca. 15 km nach Arcumeggia

Varese G/H 8

Die wohlhabende ›Villenstadt‹ Varese (90 000 Einw.) wurde leider in den 1920er- und 1930er-Jahren im Protzstil jener Zeit zur Provinzhauptstadt umgestaltet. Nur die Altstadt um die arkadengesäumte Fußgängerstraße Corso Mateotti und die Villengegend in Biumo Superiore haben ihren Charakter bewahrt. Doch die Stadt mit vielen schicken Geschäften und Cafés hat sich in den letzten Jahren der vielen Schätze in der Provinz besonnen und stellt sie nun stolz aus.

Spaziergang in Varese
Die **Basilica di San Vittore** mit hohem Campanile und Baptisterium (12. Jh.) sind einen Besuch wert. Hinter dem schönen Palazzo Estense, heute das Rathaus, erbaut für einen Statthalter Maria Theresias aus dem Hause Este, liegt ein prächtiger italienischer Garten: die Kopie des Parks von Schönbrunn in Miniatur. Auf einem Hügel im oberen Teil des Parks befindet sich die **Villa Mirabello**, das Archäologische Museum mit Funden aus den Nekropolen der Provinz (Di–So 10–18 Uhr, 5 €; die Eintrittskarte gilt auch für das Castello di Masnago).
In Masnago das **Castello Castiglioni di Mantegazza**, doch alle kennen es als **Castello di Masnago**, ein Schloss aus dem 15. Jh mit freskierten Sälen mit Szenen aus dem höfischen Leben. Sehenswert ist vor allem der Saal mit den gotischen Fresken, die die Tugenden und Laster darstellen.
Das Schloss beherbergt das **Civico Museo di Arte Moderna** mit Werken unter anderem von Pelizza da Volpedo, Balla, Fontana (Via Cola di Rienzo 42, T 0332 82 04 09, Di–So 10–18 Uhr, 5 €).

Traumblick
Il Lago e le Stelle
Ernestina und Daniele leben mit ihren vier kleinen Töchtern in diesem wunderbar gelegenen Bauernhof. und vermieten zwei einfache, kleine Zimmer mit Doppelbett und ausziehbarem Sofa, eigenem Bad, Veranda, Küchenbenutzung, Spielplatz. Ein Zimmer ist behindertengerecht. Supernette Atmosphäre.
Via dei Boschi 32, Morosolo, T 349 383 10 37

Gut und gemütlich
Osteria di Piazza Litta
Stark frequentiert, man muss lange im Voraus reservieren. Denn in diesem kleinen Lokal gibt es gute Gerichte aus erlesenen Zutaten, das Preis-Leistungs-Verhältnis stimmt.
Piazza Litta 4, T 0332 28 91 67, Sa mittags, So abends und Mo geschl., ca. 35 €

Speisen mit Einheimischen
Albergo Ristorante Bologna
Seit über 65 Jahren familiengeführtes Restaurant und Hotel am Rande der Fußgängerzone. Große Portionen bodenständiger, emilianischer Küche in sympathischer Atmosphäre. Riesenangebot an Antipasti.
Via Broggi 7, T 0332 23 43 62, www.albergo bologna.it, Menu mit Wein 40 €; Hotel: T 0332 23 21 00, DZ ab 88 €

Shoppen
In der Fußgängerstraße **Corso Matteotti** und ihren Seitengassen sind schicke Läden und Traditionsgeschäfte. Werfen Sie auch einen Blick in die zum Teil schönen, alten Innenhöfe. Mo, Do, Sa **Markt** hinter den Bahnhöfen.

Infos und Termine
IAT Varese: Piazza Monte Grappa 5, T 0332 28 19 13, www.comune.varese.it
Website für die Provinz: www.varese landoftourism.com
Festival del Gospel: Im Juli mit Gruppen aus aller Welt

··

IN DER UMGEBUNG

··

Naturpark
Parco Naturale Campo dei Fiori
 G 7
Über dem Sacro Monte (▶ S. 100) erhebt sich der 5400 ha große Regionalpark, ein

waldreiches Bergmassiv. Das Centro Geofisico Prealpino und die Sternwarte Osservatorio Astronomico Schiaparelli haben hier ihren Sitz (www.astrogeo.va.it). Vom Forte Di Orino (etwa 1 Std. zu Fuß von der Sternwarte) hat man an klaren Tagen einen fantastischen Rundumblick auf die Alpen, sieben Seen und die Po-Ebene. Über Wanderwege, Gleitschirmfliegen, Canyoning und Höhlen gibt die Touristeninformation in Varese Auskunft.

Früher wurden hier Bären gejagt
Villa Cicogna Mozzoni ⌘ H 7
Die Villa Cicogna Mozzoni mit antikem Mobiliar inmitten einer schönen italienischen Gartenanlage ist reich an Fresken mit Allegorien, Göttern, Jagdszenen, Festen und Trompe l'œil nebst nackten Putten und mythologischen Figuren. Sie wurde als Jagdschloss erbaut und ist das wichtigste Beispiel eines Renaissance-Landsitzes im Westen der Lombardei.
Bisuschio 8 km von Varese, T 0332 47 11 34, www.villacicognamozzoni.it, letzter So im März bis letzter So im Okt. und Fei 9.30–12 u. 14.30–19 Uhr, 6 €, Kinder gratis

Drei Kleinode südöstlich von Varese
Castiglione Olona (⌘ H 9): Der Ort verdankt Kardinal Branda Castiglioni (1350–1443), der große italienische Künstler in sein Städtchen berief, den Beinamen »ein Stück Toskana in der Lombardei«. Ein Brunelleschi-Schüler erbaute die Kirche neben dem Palast des Kardinals und Masolino da Panicale schuf die Fresken im Palast, in der Apsis der Collegiata und im Baptisterium. Der Freskenzyklus über das »Leben Johannes des Täufers« (1435) im Baptisterium gehört zu seinen reifsten Werken (www.museocollegiata.it).
Castelseprio (⌘ H 10): Die Burganlage aus spätkaiserlicher Zeit (4./5. Jh.) war bis zu ihrer Zerstörung durch Ottone Visconti 1287 ein wichtiges militärisches und religiöses Zentrum. Am interessantesten ist die kleine Kirche Santa Maria Foris Portam mit einem sehr verblassten Freskenzyklus eines byzantinischen, vermutlich vor dem Bildersturm geflohenen Künstlers aus dem 7./8. Jh.

Vom Sacro Monte schweift der Blick auf die Kapellen, über Varese und die Po-Ebene.

Monastero di Torba (⌘ H 10): Im 5./6. Jh. als militärischer Stützpunkt entstanden, wurde es wohl im 8. Jh. zum Kloster umgebaut. Aus dieser Zeit stammen auch die Fresken im zweiten und dritten Stockwerk des Turms und die romanisch umgebaute kleine Kirche. Seit 1977 befindet sich der Komplex im Besitz des FAI, der Geld für die Restaurierung zur Verfügung stellte und das Monastero nun für kulturelle Veranstaltungen nutzt (www.fondoambiente.it).

Lago di Varese
⌘ F/G 8/9

Im landschaftlich wunderschön gelegenen Lago di Varese kann man nicht baden, aber man kann ihn zu Fuß oder mit dem Rad umrunden (28 km).

Mit dem Drahtesel unterwegs
Räder können Sie am Lido in Gavirate (T 349 412 53 17, www.dueruote gavirate.it) mieten. Absteigen sollten Sie beim schönen **Chiostro di Voltorre** mit einem Kreuzgang aus dem 12. Jh. Hier finden Konzerte und Ausstellungen statt.

14

Zeitgenössische Kunst in barocker Umgebung – **Villa Panza**

Die Villa Panza liegt auf einem Hügel über der Stadt Varese, auf dem in üppigen Parks und Gärten die prächtigen Bauten reicher Varesini und Mailänder stehen. Ab Anfang der 1970er-Jahre lud der Graf Panza amerikanische Künstler dazu ein, die Räumlichkeiten seiner barocken Villa in einen Ort der Kunst zu verwandeln.

Mit einem sagenhaften Gespür für Talente hatte Graf Panza, einer der bedeutendsten italienischen Sammler zeitgenössischer Kunst, Werke zu niedrigen Preisen von Künstlern erstanden, die schon kurz darauf berühmt wurden, vor allem abstrakte amerikanische Kunst.

Die Sammlung

Bis 2010 wurde die berühmte **Villa 1** vom Grafen Panza bewohnt, Interessenten zeigte er sie persönlich. Lange und vergeblich bot er die Villa mit ihren Schätzen der Stadt Varese, der Provinz und der Region Lombardei an, um sie dann Ende der 1990er-Jahre samt seinem prächtigen Park dem FAI zu schenken. Denn wie alle leidenschaftlichen Sammler wünschte er sein Lebenswerk erhalten zu wissen.

Auch die Natur betätigt sich rund um die Villa Panza gelegentlich als Lichtkünstler.

Der älteste Teil der Kollektion, die berühmte Op- und Pop-Art-Sammlung, ist inzwischen nach Los Angeles gegangen, die Werke der Minimal Art und Konzeptkunst an die New Yorker Guggenheim Foundation.

Licht und Minimal Art

Trotz der verlorengegangenen Werke ist die Villa Panza immer noch eines der wichtigsten Zentren zeitgenössischer, insbesondere abstrakter amerikanischer Kunst in Italien. Im einstigen Wohntrakt wandert man zwischen antiken Möbeln (16.–19 Jh.), auf denen präkolumbianische und afrikanische Kunstwerke stehen. Darüber hängen kraftvolle Monochromien berühmter Künstler der

Villa Panza #14

1960er- bis 1990er-Jahre. Der beim Eintritt in die Villa erhältliche Audioguide (englisch u. italienisch) erzählt, erklärt und macht den Besucher auf Details aufmerksam.

Höhepunkt des Besuchs sind die leeren Räume des Wirtschaftstrakts. Die ließ Panza von Lichtkünstlern gestalten. Dan Flavin taucht mit seinen ultravioletten, gelben, grünen, blutroten, blauen und pinken Neonröhren die Räume in magisches Licht. In Robert Irvins »Varese Window Room« wird die Landschaft zum Bild und durch James Turrells »Sky Space« blickt man in die Wolken und die Unendlichkeit des Himmels. In den Stallungen und Remisen beeindruckt der zunächst völlig dunkel erscheinende »Varese Room« von Maria Nordman. Wie in einer gotischen Kathedrale gewöhnt sich das Auge langsam an die Dunkelheit und nach und nach nimmt man Schatten und Formen wahr.

Oft finden in der großen Scuderia, dem ehemaligen Pferdestall, interessante Sonderausstellungen statt. Eine weitere Attraktion ist von Frühjahr bis Herbst der Park, den man immer wieder schon aus den Fenstern der Villa bewundern konnte. Im schönen Innenhof finden im Sommer Konzerte statt.

Stärken kann man sich anschließend im exklusiven **Ristorante Luce** ❶ in der Villa Panza.

Der FAI (Fondo Ambiente Italiano, www.fondoambiente.it) hat in der Provinz Varese drei Besitzungen: die Villa della Porta Bozzolo in Casalzuigno (▶ S. 93), die Villa Panza in Varese und das kleine Kloster in Torba (▶ S. 97).

INFOS/ÖFFNUNGSZEITEN

Villa Panza ❶: Piazza Litta, T 0332 28 39 60, www.visitfai.it/villapanza, Di–So 10–18 Uhr, Eintritt 15 €, Kinder (6–18 Jahre) 7 €, Familie 32 €

KULINARISCHES FÜR ZWISCHENDRIN

Ristorante Luce ❶: T 0332 24 21 99, www.ristoranteluce.it, Di–So 12–15, 20–23 Uhr, mittags Bistro mit einer kleinen Auswahl an Gerichten. In der schönen Jahreszeit werden im Gewächshaus und draußen auch kleine Tische zwischen Blumen gedeckt.

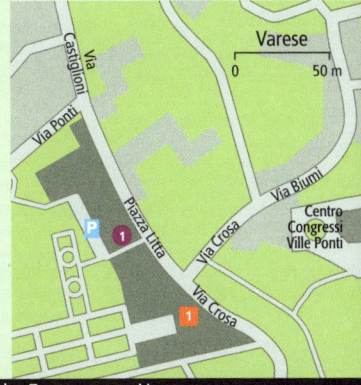

Faltplan: H 8 | zu Fuß ca. 20 Min. nördlich des Zentrums von Varese

15

Barocke Kreuzwegstationen – **Sacro Monte**

Der Sacro Monte ist einer der Lieblingsorte der Varesini. Für viele sind es die zwei schönsten Kilometer, die dort an 14 Kapellen mit lebensgroßen barocken Terrakottafiguren und Fresken vorbei den Berg hinaufführen.

Heilige Berge liegen oft einsam, fern von irdischer Ablenkung, denn sie sollen innere Sammlung und Meditation fördern. Jeder Sacro Monte erzählt von Kapelle zu Kapelle eine Geschichte und wirkt darum wie ein stummes Theater aus längst vergangener Zeit. Beschrieben werden das Leben und die Passion Christi, das Leben Marias oder das von Heiligen. Auf dem Sacro Monte von Varese tragen die lebensgroßen Holz-, Terrakotta- oder Gipsfiguren die braun gebrannten Gesichter der Bauern und Bäuerinnen der Gegend. Sie standen Modell für Kriegsknechte und Peiniger, Madonnen, Heilige und Propheten. Die Fresken mit biblischen Geschichten im Hintergrund bilden das Bühnenbild zum Drama.

Ein Bollwerk der Gegenreformation

Seit dem 16. Jh. und vor allem nach dem Konzil von Trient (1545–63) entstanden ›Heilige Berge‹ in ganz Europa. Oft waren es nur kleine, mit Fresken und Statuen geschmückte Kapellen auf Hügeln oder in Parks, zu denen ein paar Stationen führten. Viele entstanden im Piemont und in der Lombardei als Bollwerk gegen die Häresie, die mit den protestantischen Ketzern über die Berge zu kommen drohte. Auch in der Schweiz und in Österreich ziehen Heilige Berge eine Grenze zwischen der katholischen und der protestantischen Welt.

Die Varesini lieben ihren Sacro Monte. Manche sehen beim Aufstieg die Gesichter ihrer Vorfahren.

Der Kapellenweg

Der Sacro Monte von Varese war schon lange ein Pilgerort. Man sagt, der Heilige Ambrosius habe hier im 4. Jh. eine erste Kapelle gebaut. Unter dem Altar der Kirche **Santa Maria al Monte** 1 befinden

Sacro Monte #15

sich die frühesten Zeugnisse: Spuren einer kleinen Urkirche aus dem 5./6. Jh unter der mit Fresken geschmückten romanischen Krypta. Einige dieser Fresken wurden erst kürzlich bei Restaurierungsarbeiten, bei denen Stützpfeiler aus den 1930er-Jahren entfernt wurden, entdeckt. Mit dem Bau des Kapellenwegs, der Varese mit dem Santuario verbindet, wurde 1604 begonnen. Durch einen Triumphbogen betritt man den breiten kopfsteingepflasterten Weg. Hier werden Leben und Passion Christi sehr anschaulich mit lebensgroßen Figuren in 14 bemalten Kapellen erzählt. Station 15 befindet sich in der Kirche auf dem Berg.

Sehenswert ist auf dem Sacro Monte auch das **Museo Baroffio** mit Gemälden, Skulpturen und zeitgenössischer sakraler Kunst sowie die **Casa Museo Ludovico Pogliaghi** 3, das Haus des eklektischen Künstlers und Sammlers (1857–1950).

ÜBRIGENS

Eine neue Darstellung der Flucht nach Ägypten malte zu Beginn der 1980er-Jahre Renato Guttuso neben der dritten Kapelle. Auf die Frage, warum er, der überzeugte Kommunist, ein biblisches Thema male, antwortete Guttuso: »Das sind Palästinenser auf der Flucht!«

INFOS/ÖFFNUNGSZEITEN

Anreise: Am besten mit Bus C vom Stadtzentrum Varese bis zur **Prima Cappella** 2, ab da auf dem Kapellenweg ca. 1 Std. zu Fuß. Für Autos ist die Straße manchmal gesperrt, Parkplätze sind rar, die Seilbahn ist nicht immer in Betrieb. Aktuelle Hinweise über die Tourist-Info in Varese (▶ S. 96).
Museo Baroffio und Krypta: www.museobaroffio.it, Mitte März–Anf. Nov. Mi–Fr 14–18, Sa/So 10–18 Uhr, je 5 €, Sammelticket mit Museo Pogliaghi 12 €
Casa Museo Ludovico Pogliaghi 3: Eingang Via del Santuario, T 328 837 72 06, www.casamuseopogliaghi.it, Mitte März–Mitte Nov. Sa/So, Fei 10–18, Juni–Aug. bei Events auch Fr 18.30–22.30 Uhr, 6 €

SCHLEMMEN & SCHLAFEN

Al Borducan 1: Es lohnt sich, in dem alten Hotel/Restaurant mit Blick auf die Ebene das Hauselixir zu trinken (Via Beata Caterina Moriggi 43, www.hotelborducan.com).

Faltplan: G 7

Lombardisches Ufer ▶ Castelveccana/ Caldè

Im Ortsteil **Groppello** lädt das gemütliche und stimmungsvolle Lokal **Corte dei Brut** zu Gerichten aus der Toskana und der Valtellina ein (Menü ca. 30 €, sonst *à la carte*, T 0332 74 79 80, www.cortedeibrut.com, Di–Fr nur abends, Sa/So mittags und abends, Mo geschl.).

Die Südseite des Sees ist natürlicher. In **Cazzago Brabbia** stehen nicht weit vom See die kürzlich restaurierten *ghiacciaie*, Steinrundbauten, in denen früher im Winter Eis und Schnee gelagert wurden, um Fisch kühl aufzubewahren. Unten am See kann man im **La Darsena Caffè** eine Kleinigkeit essen oder einen Aperitiv genießen.

Im direkt am See gelegenen Nachbardorf **Inarzo** liegt das **Centro Visite della Palude Brabbia** (www.lipupaludebrabbia.it), ein Sumpfgebiet, in dem zahlreiche Vogelarten nisten. Im nahen, viel von Schulklassen besuchten Bauernhof **Pasqué** in **Bernate** (www.pasque.it) kann man Tiere bewundern, Eis schlecken, eine Mahlzeit einnehmen und übernachten.

Kleine Bootsfahrt auf die Insel

Von **Biandronno** setzt man mit dem Boot auf die winzige, im 4. Jahrtausend v. Chr. bewohnte **Isola Virginia** über (Uhrzeiten des Bootsdienstes www.isolinovirginia.it). Hier wurden Reste einer Pfahlbautensiedlung gefunden. Seit 2011 gehört die Insel zum UNESCO-Welterbe Pfahlbauten. Hier befindet sich ein kleines Museum (z. Zt. im Umbau) mit Funden aus dem Neolithikum und der Bronzezeit, doch die wichtigsten Stücke sind im Museo Villa Mirabello in Varese.

Im Restaurant **La Tana dell'Isolino** gibt es gute regionale Küche (Fr abends, Sa/So ab 10 Uhr geöffnet, mobil 392 974 20 89; man muss reservieren!)

Castelveccana/ Caldè E/F 6

Caldè ist eine der vielen Ortschaften, die zur Gemeinde Castelveccana gehören. Es liegt unterhalb eines imposanten Felsvorsprungs an einer der malerischsten Buchten am Ostufer des Lago Maggiore. Auch hier stand einst ein Visconti-Schloss, das 1523 von den Schweizern zerstört wurde.

Von der Bootsanlegestelle in Biandronno geht's auf die Isola Virginia.

Porto Valtravaglia/Domo E/F 5

Auch Porto Valtravaglia besteht aus vielen kleinen eingemeindeten Ortschaften, die den Hang am See hinaufklettern. In dem kleinen Ort Domo staunt man über die große Kirche Santa Maria Assunta und das ihr gegenüber liegende Baptisterium. Daneben steht die sehenswerte, im 19. Jh. in ein Wohnhaus verwandelte Kirche Santo Stefano mit Fresken aus dem 15. und 16. Jh.

Tipp für **Romanik-Fans:** Im Ortsteil Sarigo befindet sich beim Friedhof eine kleine romanische Kirche aus dem 12. Jh.

Blick auf die Bucht
Auf einer Anhöhe über dem Dorf steht auf einer Wiese ein unbedeutendes Kirchlein, von dem man aber einen wunderbaren Blick auf den kleinen Hafen, die weite Bucht mit verschiedenen Einkehrmöglichkeiten und das dahinter liegende Dörfchen hat. Von hier führt ein steiler Weg auf den Gipfel, der eine noch großartigere Sicht bietet. Eine kleine Brücke unterhalb des Felsens, der Rocca, führt zum Parco delle Fornaci, den Kalkbrennereien, mit einer schönen Badestelle.

🏠 Wohnen wie bei Freunden
Casa Vallate
In einem sehr geschmackvoll renovierten großen Haus aus dem 18. Jh. mit Innenhof und großem Garten, darin verschiedene Sitzecken, gibt es vier Zimmer mit Bad, davon sind zwei Doppelzimmer für Familien. Es gibt zwei Gemeinschaftsräume, einen mit Klavier und vielen Büchern über die Gegend und einen im ehemaligen Weinkeller. Hausherr Philippe weiß, wie er seine Gäste verwöhnen kann.
Via Zampori 28, T 033 87 87 61 06, www.casavallate.com, DZ ab 80 €, Familienzimmer ab 130 €, Frühstück self-catering in der Gemeinschaftsküche (Basis vorhanden)

🍷 Sundowner mit traumhafter Sicht
Sunset Ristobar
Ein wunderbarer Ort, um den Sonnenuntergang mit weit schweifenden Blick zu genießen. Besitzer Luca ist Weinliebhaber und -kenner, entsprechend groß ist die Auswahl. Man kann hier auch essen.
Piazza Lago 3, Caldè, T 0332 52 13 07, auf Facebook, Di geschl.

🏠 B&B mit Herz
B&B La Tana del Ghiro
Im ›Siebenschläfernest‹ fühlt man sich wohl. Drei kleine Zimmer mit Bad in einem alten Haus, das im 18. Jh. eine österreichische Kaserne war. Die Zimmer erreicht man durch eine Außentreppe. Gastgeber Giovanna und Luca wohnen mit zwei Katzen im selben Haus. Ein reichhaltiges Frühstücksbuffet gibt es bei schönem Wetter im Innenhof oder im ehemaligen Keller. Oberhalb des Hauses schweift von einer Aussichtsterrasse mit Sitzmöglichkeiten der Blick über die Dächer und weit über den See. Auf Anfrage kocht Giovanna mit Gemüse aus dem eigenen Garten und Produkten aus der Gegend aufs Köstlichste.
Via San Rocco 18, Porto Valtravaglia, Ortsteil Ligurno, T 0332 54 95 13, Mobil 032 01 55 91 79, 034 83 32 93 90, www.tanadelghiro.it, DZ mit Frühstück ab 70 €, je nach Aufenthaltsdauer

Zwischen Nasca und Sant'Antonio führt ein schöner Weg zum Wasserfall **Cascata della froda**. An heißen Sommertagen kann man sich hier herrlich erfrischen.

Lombardisches Ufer ▶ Luino

🍴 Mit Strand
Ristorante Pizzeria Montesole
Obwohl das Restaurant sehr geräumig ist und direkt an der Straße liegt, ist es immer voll, sowohl mit Einheimischen als auch mit Touristen. Man kann günstig Pizza essen, und es stehen auch einige Gerichte für Glutenallergiker auf der Karte.
Viale Repubblica 85, T 0332 54 95 42, www.ristorantemonresole.it, Fr–Mi 12–14.30 u. 18.30–22 Uhr

Luino 🗺 F 4

Luino ist mit ca. 15 000 Einwohnern die größte Stadt am lombardischen Ostufer. Schöne Jugendstilvillen erzählen aus der Zeit, als reiche Textilfabrikanten hier wohnten. Der Markt wurde schon 1541 von Karl V. bewilligt.

Lebendiges Städtchen
Die am Hang liegende Altstadt, einst römisches *castrum*, erlebte einen großen Moment, als Giuseppe Garibaldi hier 1848 die österreichischen Truppen vertrieb. Stolz zückt der Nationalheld des Risorgimento, der italienischen Einigungsbewegung, sein Schwert auf der zentralen Piazza am See. Heute säumen Geschäfte vor schönen Innenhöfen einst herrschaftlicher Bürgerhäuser die Pflastersteinsträßchen der Altstadt. Die eher unscheinbare Kirche **San Pietro in Campagna** mit einem romanischen Glockenturm beherbergt ein Bernadino Luini zugeschriebenes Fresko. Dass der berühmte Maler aus dem Umfeld Leonardo da Vincis hier geboren wurde, ist aber nicht gesichert.

🏠 Ein Haus zum Wohlfühlen
Le Camelie
Etwa 15 Min. von Luino entfernt ist man hier in der Valtravaglia weit weg vom Trubel. Die großzügigen Zimmer in einem Haus aus dem 18 Jh. sind mit von Gastgeber Adolfo selbst restaurierten Möbeln geschmackvoll eingerichtet. Ornella steht ihren Gästen mit Rat und Tat zur Seite und bereitet ein köstliches Frühstück, das man in einer der Sitzecken im lauschigen Garten oder in der ehemaligen urgemütlichen Küche mit Kamin zu sich nehmen kann. Im Ort gibt es sonst nur ein empfehlenswertes Restaurant, die Osteria D'Alberto (s. u.).
Brissago Valtravaglia, Via XXV Aprile 2, T 0332 57 60 32, Mobil 033 33 80 44 05, www.bblecamelie.it, DZ mit Frühstück im Juli/Aug. 75, ab 3 Nächten 70 €, im Winter 65, ab 3 Nächten 60 €, Extrabett 10 €

Stolz ist Luino auf seine Mitbürger, die bekannten Schriftsteller **Piero Chiara** und **Vittorio Sereni**, (▶ S. 105), die in Luino lebten, sowie auf seinen Ehrenbürger **Dario Fo,** den Literatur-Nobelpreisträger des Jahres 1997.

🍴 Eis aus Frischobst
Gelateria Cagliani
Nein, sie liegt nicht an der Seepromenade mit Blick auf die Berge, sondern an einer befahrenen Straße. Aber es lohnt sich sie aufzusuchen, denn das täglich frisch gemachte Eis aus hochwertigen regionalen Zutaten ist köstlich!
Via Dante 65, T 0332 53 30 06 Di–Sa 12–19.30, So 11–13 u. 14.30–19 Uhr

🍴 Persönlich und kompetent
Osteria D'Alberto
Köstlich speist man in diesem Restaurant im ersten Stock eines alten Dorfhauses. Die Pastellfarben und die Einrichtung, die an französische Bistros erinnert, schaffen eine gemütliche Atmosphäre. Koch und Patron Alessio D'Alberto legt größten Wert auf die Qualität der möglichst aus der Gegend stammenden Zutaten. Alles wird selbst gemacht, Pasta, Ravioli … auch die Patisserie. Fisch (nur gefischt) und Fleisch gibt es auch vom offenen Grill. Im Winter flackert der Kamin. Auch glutenfreie Speisen.

Lombardisches Ufer ▶ Val Veddasca

1882 wurde Luinos monumentaler **Belle-Epoque-Bahnhof** mit Säulenhalle feierlich eingeweiht, denn mit der Eröffnung des Gotthardtunnels sollte der Zugverkehr aus dem Norden über Luino ans Meer und nach Mailand führen. Dazu kam es nicht, doch der grandiose Bahnhof in Luino blieb.

Brissago Valtravaglia (15 Min. von Luino), Via Garibaldi 15, T 333 11 04 04, www.osteria dalberto.com, Mo/Di 19–24, Do–So 12–15 u. 19–24 Uhr, Vorspeisen 13–17 €, *primi* 15 €, *secondi* ca. 21 €

Wuseliges Shoppingvergnügen
Weit über die Stadtgrenzen hinaus ist der riesige **Markt** bekannt und lockt jeden Mittwoch Kauflustige aus der Schweiz und sogar Busse aus Deutschland an. Trotz der Schwemme von Produkten aus Asien ist es ein heiterer, wuseliger Treffpunkt, und Sie finden hier natürlich auch viele lokale Produkte.

❶ Infos
Informationsbüro: Palazzo Verbania (im ehemaligen Kursaal finden Ausstellungen statt und befinden sich die Archive der Schriftsteller Vittorio Sereni und Piero Chiara), Via Dante 6, T 0332 54 35 46, www.vareselandoftourism.com, Sommer tgl. 10–13, Di, Do–Sa auch 17–20 Uhr, Mitte Sept.–Mitte März Di, Fr–So 10–13 u. 15–18, Mi immer 10–15 Uhr

Val Veddasca G 3

Das Val Veddasca wird von dem Fluss Giona in zwei Hälften geteilt: Der südöstliche Teil ist nur über Luino zugänglich, der nordwestliche von Maccagno aus. In diesem grünen Tal gibt es heute wieder viel Wild: neben Niederwild auch Gämsen, Rot- und Schwarzwild.

Besonders das Käseangebot auf den Märkten ist verlockend.

Dörfer ohne Straßen und Autos

Leider kommt man praktisch nur mit privaten Fahrzeugen auf einem kleinen, kurvigen Sträßchen nach **Curiglia**, dem Hauptort am hinteren Ende des Tals und von dort bis zum **Ponte di Piero**. Weiter geht es nur noch zu Fuß oder mit der Seilbahn nach **Monteviasco** (H 3) auf 1000 m Höhe (T 0332 51 72 32, www.funiviamonteviasco.it; bei Redaktionsschluss geschl.). Das seit den 1960er Jahren fast verlassene Steindorf war früher nur über 1500 Stufen erreichbar (ca. 1 Std.). Während der spanischen Herrschaft in Mailand im 16. Jh. sollen Soldaten hierher geflohen sein, Frauen aus dem gegenüberliegenden Ort Biegno entführt und das Dorf gegründet haben. Heute wohnen nur noch ca. sieben Personen im Ort, doch viele ehemalige Bewohner kommen an Feier- und Ferientagen zurück in ihre restaurierten Häuser. Gern werden die drei Restaurants am Wochenende von Ausflüglern besucht. Übernachtungsmöglichkeiten bietet die Jugendherberge der Funivia. Eine Sternwarte mit zwei Kuppeln und kleiner Wetterstation befindet sich oberhalb des Dorfes an einer besonders schönen Aussichtsstelle (www.assm42.it).

Wanderlust?

Ein schöner Rundweg führt vom Ponte di Piero nach Monteviasco, von hier nach Indemini (in der Schweiz ▶ S. 45) auf der anderen Seite des Tals, weiter nach Biegno und zurück über den Giona zum Ponte di Piero (Gehzeit etwa 4 Std.). Nicht weit vom kleinen, autofreien Steindorf **Piero** befinden sich wunderschön gelegene verwunschene Mühlen (ca. 10 Min.). Das Dorf hat etwa 15 Einwohner und einen Agriturismo: Kedo (mobil 333 430 67 01, www.agriturismo kedo.it).

Der »Giro del Sole e della Luna« in **Agra** ist eine nicht anstrengende Rundwanderung mit schönen Blicken auf den Lago und durch den Wald – auch für Kinder bestens geeignet (ca. 1 Std.).

❶ Hoch oben, einsam gelegen
Fattoria Roccolo

Kurz vor Curiglia, dort wo ein Denkmal zu Ehren des Heilgen Carlo Borromeo steht, geht es rechts hinauf. Seit über 40 Jahren bewirten Pinuccia und Albino Brancher, mittlerweile mit Hilfe ihrer Söhne und Schwiegertöchter, den Hof und ihre Gäste. *Polenta con brasato* (Schmorbraten) gibt es hier immer, ebenso selbst gebackene Kuchen. Man kann hier auch übernachten. Die Fattoria ist ein idealer Ausgangspunkt für Wanderungen, z. B., um den Monte Lema zu besteigen (▶ S. 44)

Località Roccolo 1, Dumenza, T 0332 56 84 77, www.fattoriaroccolo.com, im Winter Mo geschl., DZ mit Frühstück 70 €

❶ Lokal und traditionell
Lo Smeraldo

In Dumenzas Ortsteil Runo (G 4), einem der *paesi dipinti* (bemalte Dörfer), steht direkt an der Straße (leicht zu übersehen) diese Mischung aus Locanda und schickem Restaurant. Alles wird frisch zubereitet und schön präsentiert (Risotti, hausgemachte Pasta …), gute Weinauswahl.

Mi–Mo mittags und abends, Via Fiume 3, T 0332 57 31 39, Hauptgerichte 16–20 €

Maccagno F 4

Maccagno (2000 Einw.) ist gut gerüstet für seine vielen Feriengäste. Beliebt sind der lange Strand und die Wiese mit Schatten spendenden Bäumen.

Im August 1911 verschwand die Mona Lisa aus dem Louvre. Der Anstreicher Vincenzo Peruggia aus Dumenza hatte sie entführt. Zwei Jahre blieb sie verborgen, bis der Diebstahl aufgedeckt und der Täter zu einer kurzen Haft verurteilt, in seinem Dorf aber als Nationalheld gefeiert wurde. Das einfache Ristorante Gioconda in Dumenza erinnert daran.

Lombardisches Ufer ▶ Maccagno

Geschichte und Kultur
Die Torre Imperiale erinnert an die Feudalzeit, als dieser Ort unter der Herrschaft der Familie Mandelli eine wirtschaftliche Blüte erlebte und sogar eigene Münzen prägen durfte. 1718 ging Maccagno in den Besitz der Borromeo über. Der nicht ungefährliche Fluss Giona teilt den Ort in zwei Hälften: Maccagno Inferiore mit schönen Häusern aus dem 16./17. Jh. und das neuere Maccagno Superiore. Das **Museo Parisi Valle** präsentiert Werken italienischer Künstler des 20. Jh. und verbindet die beiden Ortshälften unten am See wie eine Brücke (Via L. Gianpaolo 1, www.museoparisivalle.it, Öffnungszeiten je nach Ausstellungen, Eintritt frei).

Auch der Hibiskus liebt das sonnige Klima am Lago Maggiore.

Vielfältige Sportmöglichkeiten
Athletikpiste, Klettergarten, Bocciabahnen, Tennisplätze, Beachvolley, Volley- und Basketball, Skaterpark … Am besten lässt man sich bei Pro Loco (s. u.) beraten. Wegen der günstigen Winde im nördlichen Teil des Lago ist Segeln und Surfen zwischen Maccagno und Pino sehr beliebt.

⊙ Zurück in die 70er
Bar Trattoria Saredi
Einfach, nett, und das Essen ist gut. Pietro und Palli bringen eine traditionelle und trotzdem kreative Küche der Gegend auf den Tisch: Wild, Pilze, Polenta, Schmorbraten.
<small>Armio (im Veddascatal), Via Saredi 2, T 0332 55 81 61, bei Facebook, Mi–Mo, ca. 30 €</small>

ÖKODORF

Gleich oberhalb von Maccagno gibt es ein kleines Ökodorfprojekt: das **Ecovillaggio Monte Venere:** Ein altes, nur zu Fuß erreichbares Dorf wird wieder aufgebaut und belebt.

⊙ Hier bläst meistens der Wind
La Darsena
Segel- und Kitesurfschule, Verleih, Wake- und Paddleboarding-Kurse, Einzelstunden auch auf Deutsch. Einkehrmöglichkeit im Grotto Mazzardit.
<small>In Pino Lago Maggiore (📖 F 2, kurz vor der Schweizer Grenze), T 339 296 29 27, www.ladarsenawindsurf.com, Mai–Okt.</small>

ⓘ Infos
Pro Loco: Via Garibaldi, 1, T 0332 56 20 09, www.prolocomaccagno.it.

IN DER UMGEBUNG

Auf alten Maultierwegen
Auf der Westseite des Val Veddasca gibt es natürlich auch viele Wandermöglichkeiten. Über den **Lago Delio** (📖 F 3) mit Einkehr- und Übernachtungsmöglichkeit im Albergo Ristorante Diana (www.albergo-diana.it, T 0332 56 61 02, 335 49 90 52) geht's auf den Monte Borgna (1158 m). Oder Sie wandern von **Biegno** (📖 G 3) nach Indemini in der Schweiz, von dort auf die andere Seite des Tals nach Montevíasco (▶ S. 106) und bei Piero wieder auf die Westseite.

Köstliche Ziegenkäse
Agriturismo Pian del Lares
Flavio und sein Vater Desiderio produzieren und verkaufen Käse- und Wurstsorten von freilebenden Tieren (Ziegen und Kühe). Sonntags kann man hier auch essen, im Sommer täglich (ca. 28 €; besser vorher anrufen!)
<small>Via Petrolo 22, Armio Veddasca, T 0332 55 81 78, www.piandulares.it</small>

Hin & weg

ANREISE

Mit dem Flugzeug
Der nächste große Flughafen befindet sich in Milano-Malpensa, etwa 10 km südlich vom Lago Maggiore. Von deutschen Städten gibt es mehrmals täglich Flugverbindungen. Milano-Linate liegt im Osten von Mailand und der Flughafen Bergamo-Orio al Serio ca. 50 km östlich von Mailand. In Lugano-Agno landen Maschinen aus Zürich (T 091 610 11 11). Locarno im Tessin verfügt über einen kleinen privaten Flugplatz.

Mit der Bahn
Züge aus dem Norden fahren die St.-Gotthard-Strecke über Bellinzona. Hier muss man zur Weiterreise nach Locarno, Ascona und Luino umsteigen. Vom Simplonpass fahren Züge über Domodossola ab Verbania am See entlang. Weitere Informationen unter www.sbb.ch und www.trenitalia.com

Mit dem Auto
Anreise über den St.-Gotthard- oder den Bernardinotunnel. Länger, aber sehr schön ist die Anreise über den Lukmanierpass. Für die Einreise in die Schweiz benötigt man die grüne Versicherungskarte. Die Schweizer Autobahnvignette kann man an den Grenzübergängen und an Tankstellen in Grenznähe kaufen. Benzin ist in der Schweiz billiger als in Italien, Diesel kostet etwa gleich viel.

INFORMATIONSQUELLEN

Dank der guten touristischen Infrastruktur finden sich in allen größeren Orten Informationsstellen, auch wenn es jedes Jahr vor allem auf italienischer Seite Änderungen gibt.
Hauptsitz für das **piemontesische Ufer:** Distretto Turistico dei Laghi, Monti e Valli d'Ossola in Stresa, Corso Italia 26, T 0323 30 416, www.distrettolaghi.it; für das **lombardische Ufer:** in Varese, T 0332 28 19 13, www.comune.varese.it; für die **Provinz Varese:** www.vareselandoftourism.com; für das **Schweizer Ufer:** Organizzazione Turistica Lago Maggiore e Valli, T 0848 09 10 91, www.ascona-locarno.com

KLIMA UND REISEZEIT

Der Lago Maggiore ist berühmt für sein mildes Klima. Es herrscht ein sogenanntes insubrisches Klima mit relativ geringen Temperaturschwankungen. (im Winter 3–7 °C, im Sommer 22–30 °C). Die Alpenkette hält kalte Luftmassen aus dem Norden weitgehend zurück; der See selbst ist im Winter ein riesiger Wärmespeicher und wirkt im Sommer wie eine Kühlanlage. Starke, ergiebige Niederschläge gibt es vor allem während der Vegetationsperiode. Charakteristisch sind die Winde, wie die Tramontana aus dem Norden oder die Inverna aus dem Süden. Segler zu Wasser und in der Luft sollten die lokalen Winde genau studieren, denn es kann zu plötzlichen Wetterumschwüngen kommen. Von Frühling bis Herbst ist der Aufenthalt am Lago empfehlenswert, wobei Juli und besonders August oft überlaufen sind.

DIE BEKANNTESTEN MÄRKTE

Am Lago findet an jedem Wochentag ein Markt statt.
Mo: Baveno, Varese
Di: Arona, Ascona, Laveno
Mi: Luino, Orta, Sesto Calende
Do: Angera, Locarno, Varese
Fr: Cannero, Stresa, Pallanza, Gavirate
Sa: Intra, Varese
So: Cannobio

REISEN MIT HANDICAP

www.accessibleurope.com (ital. u. engl.)

SICHERHEIT UND NOTFÄLLE

Gelegenheit macht Diebe! Man sollte auf keinen Fall Kameras oder andere Wertgegenstände im geparkten Auto lassen. Auf Märkten und in jeglichem Gedränge gilt: Vorsicht vor Taschendieben! Bei Verlust oder Diebstahl der Bank- oder Kreditkarte kann man die Konten vieler Banken kostenlos vor Zugriffen schützen. **Zentraler Sperr-Notruf:** T 0049 116 116

Wichtige Telefonnummern
Alarmzentrale: sowohl für Italien als auch für die Schweiz 112
Polizei: in Italien 112 o. 113, in der Schweiz 117
Feuerwehr: in Italien 115, in der Schweiz 118
Krankenwagen: in Italien 118, in der Schweiz 144
Pannenhilfe: in Italien 116, in der Schweiz 140

Diplomatische Vertretungen …
… in Mailand:
Deutsches Generalkonsulat:
T 026 23 11 01
www.mailand.diplo.de
Österreichisches Generalkonsulat:
T 02 77 80 78 0, www.bmeia.gv.at/gk-mailand
Schweizer Generalkonsulat: T 027 77 91 61, www.eda.admin.ch/milano

… in Lugano:
Deutsches Honorarkonsulat:
T 091 922 78 82
Österreichisches Honorarkonsulat:
T 091 911 95 50

SPORT UND AKTIVITÄTEN

Wer aktiv sein möchte, kann am und um den Lago fast alles finden, was ein Sportlerherz begehrt. Im Sommer bieten sich vor allem Wassersportarten wie Baden, Surfen, Segeln oder Rudern an. Die umliegenden Berge rufen zu Wanderungen in allen Schwierigkeitsgraden, zum Fahrradfahren und bieten Drachen- und Gleitschirmfliegern gute Startrampen.

Baden

Kein Vergleich zum heimischen Ruderteich – hier können Sie Ihre Armmuskeln trainieren.

Baden ist rings um den See zwar möglich, doch das Ufer ist wegen der vielen Privatgrundstücke oft nicht zugänglich. Die schönsten Badestellen liegen an der nördlichen Seehälfte, Sandstrände gibt es bei Tenero im Tessin, auf lombardischer Seite bei Monvalle und auf der piemontesischen bei Cannobio und Fondotoce. Öffentliche Strände sind mit braun-weißen Schildern markiert. Außerdem findet man je nach Wasserstand weitere schöne Stellen. Nicht ganz ungefährlich, wenn auch an heißen Tagen ungeheuer verlockend, sind die Flüsse in den Tessiner Seitentälern. Insbesondere die Gneisfelsen der Verzasca und die Sand- und Schuttbänke der Maggia ziehen Scharen von Sonnenhungrigen und Badelustigen an. Erkundigen Sie sich bei Einheimischen nach sicheren Stellen!

Fahrradfahren
Radsport ist in Italien sehr beliebt. Insbesondere an Wochenenden sieht man viele Rennfahrer auch auf den stark befahrenen Straßen. Es gibt zum Glück immer mehr Radwege. Die Tessiner Flusstäler und die Straße am Ticino im Süden von Sesto Calende sowie ein Radrundweg um den Lago di Varese bieten sich für

Hin & weg

gemächliche Fahrten an, die vielen Berge für anspruchsvolle Mountainbiker. Es gibt zum Glück immer mehr Stationen, bei denen man Räder mieten kann, so z. B. an Schweizer Bahnhöfen, bei einigen Informationsstellen und Fachhändlern. Im Tessin bekommt man die Karte ›Bike Emotions‹ mit Routenvorschlägen umsonst. Seit der Radweltmeisterschaft 2008 in Varese baut man immer mehr Radwege und erkundet neue Strecken.

Canyoning
Das auf Outdoor-Programme spezialisierten Trekking Team AG, T 091 780 78 00, www.trekking.ch. bietet neben Canyoning-Möglichkeiten in den Tälern hinter Locarno auch Bungee-Jumping, Kanusafari, Rafting, Mountainbike-Touren und vieles mehr.

Drachenfliegen, Gleitschirmfliegen
Die Berge rings um den See bieten ideale Sprungrampen für ›Ikarusse‹, und es gibt verschiedene Paragliding-Verbände. Man kann z. B. vom Sasso Ferro (▶ S. 91) aus sanft hinuntergleiten oder auch vom Monte Nudo (www.parapendiolaveno.it, www.deltaclublaveno.it, www.icaro2000.com).

Golf
Rings um den See gibt es ein vielfältiges Angebot an zum Teil traumhaft gelegenen Golfplätzen. Neben Clubs mit 9 und 18 Loch gibt es auch Angebote für Golfeinsteiger, die keinen Handicap-Nachweis brauchen.

Klettern
Insbesondere der Felsen bei Ponte Brolla am Eingang zur Vallemaggia ist ein beliebtes Kletterziel, auch in Avegno gibt es Klettermöglichkeiten. Von den Kletterwänden in Berzona in der Valle Onsernone ist der Blick auf den Lago besonders schön. In Italien bieten Malesco in der Val Vigezzo und Maccagno einen Klettergarten.

Schneeschuhwandern
Die vielen hohen Berge rings um den Lago eignen sich im Winter bestens für Schneeschuhwanderungen mit toller Sicht! Monte Lema, Monte Tamaro, Monte Gambarogno, Cardada Cimetta … es gibt viele geeignete Ziele.

Segeln, Surfen und Kitesurfen
Informationen zu Segelschulen halten die örtlichen Verkehrsvereine bereit. Surfen kann man vor allem im nördlichen Bereich des Lago Maggiore, wo immer ein Wind bläst. Beliebt sind Maccagno und Pino auf der lombardischen sowie Cannobio auf der piemontesischen Seite.

Tennis
In den meisten größeren Gemeinden gibt es Sand- und Hallenplätze, ebenso in vielen Hotels. Die Fremdenverkehrsvereine geben Auskunft.

Wandern
Die Wandermöglichkeiten rund um den Lago Maggiore und in den dahinter liegenden Bergen und Tälern sind äußerst vielfältig (Karte von Kompass im Maßstab 1:50 000). Das Angebot reicht von gut markierten, leichten Wegen bis zu recht schwierigen, schlecht oder gar nicht gekennzeichneten Strecken, die gute Karten, Erfahrung und Kondition erfordern (Auskunft über die Verkehrsämter.) Vorsicht ist selbst bei harmlos erscheinenden Touren geboten: Nie ohne festes Schuhwerk, Regenschutz, Wasser, ausreichend Proviant und

Man braucht nicht viel, um glücklich zu sein. Manchmal reichen gesunde Beine und ein Rucksack mit Proviant.

verlässliche Wanderkarten starten. Für das Tessin gibt es sehr gut gemachte Karten, z. B. von Quadra Concept (1:25 000), die in den Touristinformationsstellen erhältlich sind und auf denen alles Wichtige verzeichnet ist: Berghütten, Seilbahnen, Marschzeiten, Aussichtspunkte usw.; für die Val Grande ▶ S. 54. Für die Provinz Varese empfiehlt sich die neue Karte »Valli del Verbano« (1:25.000), erhältlich beim Club Alpino Italiano in Laveno und Luino (https://cailavenomombello.it). Auskunft über verschiedene Bergführer geben die Informationsbüros in Ascona und Locarno.

Wellness und Fitness
Obwohl der Lago Maggiore und seine Umgebung so viele Sportmöglichkeiten an der frischen Luft bieten, gibt es diverse Wellnesscenter, und die großen Luxushotels bieten Kuren und Wellnessprogramme.

FRÜHSTÜCK

Das Frühstück ist in Italien für unsere Verhältnisse recht dürftig. Doch immer mehr Hotels und B&Bs bemühen sich, es ihren Gästen aus dem Norden recht zu machen und bieten auch Käse und Aufschnitt, während die meisten Italiener morgens nur einen Espresso oder Cappuccino trinken. Manche essen dazu Kekse oder eine *brioche* bzw. ein *cornetto* in einer Bar.

ÜBERNACHTEN

Rings um den Lago Maggiore gibt es Unterkunftsmöglichkeiten unterschiedlichster Preisklassen. Im Tessin, das den italienischen Charme mit Schweizer Präzision verbindet und am piemontesischen Ufer ist das Angebot an Unterkünften größer als auf der lombardischen Seite des Sees. Aber auch dort erwarten die Besucher viele Betten und einige gute Adressen fern vom touristischen Treiben.
Die touristische Struktur am Lago Maggiore entspricht im Großen und Ganzen schon der des nachhaltigen Tourismus, hier werden fast alle Häuser von Familien geführt.

Hotels
Hotels gibt es in allen Preislagen. Man kann im Tessin und im Piemont in fürstlichem Ambiente residieren und von der Belle Epoque träumen oder auch in einfachen Familienpensionen übernachten. Generell ist das Preisniveau eher hoch. Trotz der vielen Hotelbetten muss man im Sommer im Voraus reservieren, da man sonst riskiert, keins mehr zu finden. Außerhalb der Hochsaison gibt es kaum Probleme. Im Winter sind allerdings viele Häuser geschlossen.

Ferienhäuser und -wohnungen
Das Angebot an Apartments und Ferienhäusern nicht nur in Ferienzentren, sondern auch im Hinterland ist reichhaltig. In den alten Dörfern in den Tälern des Tessins sind die *Rustici,* liebevoll restaurierte Steinhäuser, die oft vormals Ziegenställe waren, besonders beliebt. Ferienhäuser sind vor allem für Familien eine günstigere Lösung als ein Hotelaufenthalt. Informationen zum Angebot über die Fremdenverkehrsämter oder auch über das Internet, z. B. bei www.ferienwo.com. Ein besonderes Hotelkonzept sind die *Alberghi diffusi,* Zimmer oder Wohnungen, die sich über mehrere Gebäude verteilen (▶ S. 32 und S. 96)

Bed and Breakfast
Es gibt immer mehr Angebote in allen Preislagen. Informationen erhält man

Hin & weg

bei den jeweiligen Fremdenverkehrsämtern; es gibt auch viele Seiten im Internet: so z. B. unter www.bed-andbreakfast.it, www.bed-and-breakfast-italien.com oder www.airbnb.it

Agriturismo

Agriturismo kann man in Italien nicht einfach mit ›Ferien auf dem Bauernhof‹ übersetzen: Es gibt Höfe, die bieten lediglich Übernachtungsmöglichkeiten, andere empfangen ihre Gäste gerne zu den Mahlzeiten. Oft sind es auch nur Häuser in ländlicher Umgebung, die ihre landwirtschaftlichen Produkte verkaufen.

Camping

Es gibt ein weitgefächertes Angebot an Campingplätzen. Im Tessin findet man die meisten ›Freiluft-Unterkünfte‹ in der Tenero-Gegend am Mündungsdelta des Ticino, wo große Strände zum Baden einladen. Auch das Maggia-Tal bietet schöne Campingplätze.
Auf der oberitalienischen Seite des Sees campt man gut in Cannobio, bei Feriolo und Fondotoce. Hier gibt es weitläufige Strände, Wiesen und Grillplätze. Beliebt sind am Ostufer vor allem die Plätze im ganz auf Ferien eingestellten Ort Maccagno. Manche Campingplätze vermieten auch Bungalows oder Wohnwagen. Wildes Zelten ist verboten.

Hütten und Gruppenunterkünfte für Wanderer

In den Seitentälern und Bergen im Tessin bieten sich viele Gruppenunterkünfte und Hütten an (www.capanneti.ch). Auf italienischer Seite betreibt der CAI (Club Alpino Italiano) diverse bewachte und unbewachte Hütten. Infos bei den Fremdenverkehrsämtern, beim CAI (www.cai.it) und beim Parco Nazionale Val Grande (▶ S. 54).

Preisniveau

Der Lago Maggiore war und ist besonders im Sommer ein sehr beliebtes Reiseziel, das macht sich bei den Übernachtungskosten bemerkbar. Generell gilt: Seeblick hat seinen Preis, man wohnt billiger im Hinterland.

Preisangaben in diesem Buch

Die angegebenen Hotelpreise beziehen sich auf ein Doppelzimmer in der Hauptsaison, die am Lago meist von Ostern bis Oktober reicht. Wo zwei Preise angegeben sind gibt es entweder verschiedene Zimmertypologien (wie Sicht auf den See, mit oder ohne Balkon, Größe usw.) oder es handelt sich, je nach Saison, um einen Mindest- bzw. einen Höchstpreis. Oft kann man aber auch mit dem Hotel direkt einen anderen Preis aushandeln.

VERKEHRSMITTEL

Bahn

Von Bellinzona fahren regelmäßig Züge nach Locarno, das mit Domodossola über die Centovalli-Bahn verbunden ist, sowie nach Mailand (über Luino–Laveno). Die Linie Mailand–Simplon über Domodossola geht von Sesto Calende bis Verbania am See entlang. Näheres unter www.trenitalia.it bzw. www.sbb.ch. Achtung: In Italien muss man Zugtickets vorm Einsteigen entwerten, sonst gilt man als Schwarzfahrer.

Busse im Tessin

Die Schweizer Orte sind in der Regel wenn nicht mit der Bahn, so doch mit dem Bus erreichbar. Oft lohnen sich die Sonderpässe und -cards der öffentlichen Verkehrsbetriebe. Auskunft geben die Schweizer Verkehrs- und Bahnreisebüros. Es gibt diverse Fahrkartenangebote (Mehrtageskarten usw.). In die Täler gibt es das ganze Jahr über Verbindungen entweder mit den gelben Postbussen, die bei jedem Wetter bis in die hintersten Winkel fahren, oder mit den blauen FART-Bussen aus Locarno.
FART: in Locarno am Bahnhof, T 091 751 87 31, www.centovalli.ch, Fahrpläne gibt es in den Fremdenverkehrsämtern und in Poststellen.

Busse in Italien

In beiden Regionen gibt es verschiedene private Busunternehmen und -linien. Fast jeder Ort am Ufer besitzt

eine Haltestelle, doch zum Teil verkehren die Busse recht rar und kleinere, abgelegene Orte in den Bergen werden selten angefahren. Informationen über Routenverlauf und Abfahrtszeiten erhält man bei den jeweiligen Tourismusämtern.
Alibus: Öffentlicher Bus auf Bestellung von Malpensa nach Verbania (Ende März–Mitte Okt.). Man muss den Bus am Vortag vor 11 Uhr bestellen (für So und Mo am Sa) T 03 23 55 21 72, www.safduemila.com

Schiffe
Schiffe verkehren das ganze Jahr auf dem See, allerdings in den Wintermonaten weniger häufig (www.navigazionelaghi.it). Einzelfahrkarten sind recht teuer, deshalb lohnt sich die Holidaycard. Für 83 € (Kinder 4–11 Jahre 42 €) kann man z. B. eine Woche lang kreuz und quer fahren (3-Tages-Karte: Erw. 65 €, Kinder 33 €). Nähere Informationen erhält man unter der Gratisnummer 800 55 18 01 (nur aus Italien). Das ganze Jahr über verkehren Autofähren zwischen Intra (Piemontesisches Westufer) und Laveno (lombardisches Ostufer) zur Hauptverkehrszeit im 20-Minuten-Takt (Auto unter 3,50 m 7,80 €, unter 4,5 m 9,80 €, über 4,5 m 12,80 € inkl. Fahrer, jede weitere Person 3,40 €). In den Sommermonaten verbinden die Schiffe die wichtigsten Orte am Lago Maggiore miteinander. Von Stresa, Pallanza und Baveno starten die Schiffe zu den Borromäischen Inseln (Plan in den Touristinformationsbüros erhältlich). Daneben gibt es zahlreiche Rundfahrtmöglichkeiten. Mitte Okt.–Ende März fahren Schiffe nur von Angera nach Arona; Stresa über Isola Bella, Isola dei Pescatori, Baveno, Pallanza nach Intra; Cannero nach Luino bis Cannobio; Locarno bis Magadino.

Private Taxiboote
Noch eine Möglichkeit der Beförderung auf dem Seeweg, um Zeit zu sparen und Ziele direkt zu erreichen. Es gibt verschiedene Anbieter (Näheres in den jeweiligen Informationsbüros).

Mittwochs werden für die Besucher des Marktes in Luino Sonderschiffe eingesetzt. Es empfiehlt sich, rechtzeitig einen Platz zu reservieren! Auch andere italienische Märkte werden von der Schweiz aus angefahren. Darüber hinaus bietet die Schifffahrtsgesellschaft im August diverse Nachtkreuzfahrten zu den Feuerwerken an.

Eigenes Auto
Während die Schweiz mit öffentlichen Verkehrsmitteln sehr gut erschlossen ist, braucht man in Italien leider oft eher einen eigenen Wagen. Rings um den See und zu den umliegenden Dörfern gibt es z. T gut ausgebaute Straßen, einige sind jedoch extrem schmal und kurvig. Im Sommer herrscht überall große Parkplatznot; Parkplätze sind zudem auch recht teuer. Vor größeren Städten ist mit Staus zu rechnen. Vor allem an Wochenenden entfliehen viele Mailänder mit Kind und Kegel der Großstadt und suchen die Frische am See. Viele sind dann auch mit dem Motorrad unterwegs und es heißt: Aufpassen!
Leihwagen: In allen größeren Orten rings um den Lago findet man Leihwagenfirmen (autonoleggio); neben internationalen Agenturen sind auch lokale Anbieter vertreten. Es ist allerdings meist günstiger, lange vor der Reise im Internet einen Anbieter zu wählen.

Taxidienste
Nur in den größeren Orten sind Taxis leicht zu finden, es gibt aber private Anbieter. Auch dazu geben die Infobüros Auskunft.

Bergbahnen
Gondel-, Kübel-, Zahnrad-, Standseilbahnen und Sessellifte erklimmen die Panoramagipfel.

O-Ton Lago Maggiore

Register

A
Agra 106
Agriturismo 112
Aktivitäten 109
Alberghi diffusi 111
Alpe di Neggia 45
Alpe Foppa 45
Alpe Salei 25
Alpe S. Michele 93
Alpetto 45
Alpine Coaster 70
Angera 83
Anreise 108
Arcumeggia 93, 94
Arona 73
Arp, Hans 16
Ascona 33
Autofähre 52, 87
Autos 108, 113

B
Baden 109
Bahn 108, 112
Bara, Charlotte 37
Baveno 63
Bed and Breakfast 111
Behinderte 75, 96, 109
Bergbahnen 113
Bernate 102
Besozzi, Alberto da 88
Besozzo 87
Biandronno 102
Biegno 107
Bignasco 27
Binda, Alfredo 92
Bolle di Magadino 44
Bordei 24
Borromäische Inseln 66
Borromeo, Carlo 73, 74, 84
Borromeo (Familie) 86
Bosco Gurin 28
Botta, Mario 27, 45
Brione 31, 32
Brissago 40
Brissago-Inseln 42
Busse 112

C
Cadorna, Luigi 57, 62
Caldè 102
Camping 112
Cannero Riviera 50
Cannobio 48
Canyoning 110
Cardada 20
Carmine Superiore 50
Casalzuigno 93
Cascata della froda 103
Castelli di Cannero 51
Castello Castiglioni di Mantegazza 96
Castello di Masnago 96
Castelseprio 97
Castelveccana 102
Castiglione Olona 97
Cavergno 27
Cazzago Brabbia 102
Centovalli 24
Centro Visite della Palude Brabbia 102
Cevio 26
Chiara, Piero 104
Chiostro di Voltorre 97
Cicogna 54
Cimetta 20
Circoli 91
Ciseri, Antonio 40
Cittiglio 92
Civico Museo di Arte Moderna 96
Cocquio 94
Corippo 30
Crusinallo 77
Curiglia 106

D
Deutsches Generalkonsulat 109
Deutsches Honorarkonsulat 109
»Die Brautleute« (Roman) 72
»Die Schwarzen Brüder« (Jugendbuch) 21
»Die Tote am Lago Maggiore« (Kriminalroman) 50
»Die Verlobten« (Roman) 72
Diplomatische Vertretungen 109
Domo 103
Domodossola 22
Drachenfliegen 110

E
Ecovillaggio Monte Venere 107
Emden, Max 42
Epper, Ignaz und Mischa 36
Essen und Trinken 10
EURATOM 87

F
Fahrradfahren 109
FAI 99
Ferienhäuser 111
Ferienwohnungen 111
Feriolo 63
Ferrari, Gaudenzio 73
Feuerwehr 109
Filmfestival Locarno 21
Flavin, Dan 99
Flughäfen 108
Fo, Dario 104
Fondo Ambiente Italiano 99
Fonte Acqua Carlina 50
Foroglio 27
Forum di Omegna 77
Fröbe-Kapteyn, Olga 33
Fusio 27

G
Gambarogno 41
Gemonio 93
Ghiffa 52
Giardino Alpinia 70
Gignese 70
Gleitschirmfliegen 110
Golasecca 82
»Goldeneye« (Film) 32
Golf 110
Groppello 102
Grotti 10, 28
Gruppenunterkünfte 112

H
Hauptmann, Gerhart 40
Heydt, Eduard von der 35
Hofmann, Ida 34
»Hotel Meina« (Film) 72
Hotels 111
Hütten 112

Register

I
Inarzo 102
Indemini 45
Informationsquellen 108
Internationales Filmfestival Locarno 21
Intra 52
Intragna 24
Isola Bella 66
Isola dei Pescatori 66, 69
Isola di San Giulio 78
Isola di Sant'Apollinare 43
Isola Madre 66
Isola Virginia 102
Isole Borromee 66
Isole di Brissago 42
Isorno 25
Ispra 86

J
JazzAscona New Orleans & Classics 39

K
Kitesurfen 110
Klettern 27, 110
Klima 108
Krankenwagen 109
Kreditkarten-Sperrnotruf 109
Küchenzeiten 10

L
Lago Delio 107
Lago di Mergozzo 60
Lago di Monate 87
Lago di Varese 97
Lago di Vogorno 29
Lago d'Orta 76
Lago Maggiore Express 22
Lagoni di Mercurago 76
Laveno 87
Lavertezzo 30
Leihwagen 113
Lema 44
Leoncavallo, Ruggero 41
Lesa 72
Linea Cadorna 62
Locarno 16
Loco 25
Luino 104

M
Maccagno 106
Maggia 26
Manzoni, Alessandro 72
Märkte 108
Marmor 60
Massino Visconti 65
McEacharn, Neil 58
Meina 72
Mergoscia 30
Mergozzo 60
Mogno 27
»Mona Lisa« (Gemälde) 106
Monastero di Torba 97
Monte Colonna 93
Monte d'Orfano 61
Monte S. Salvatore 72
Monte Tamaro 45
Monte Verità 33, 34
Monteviasco 106
Montorfano 61
Mottarone 70
Museo Alfredo Binda 92
Museo Civico Floriano Bodini 93
Museo dell'Ombrello e del Parasole 70
Museo dello Spazzacamino 22
Museo Etnografico e dello Strumento Musicale 77
Museo Parisi Valle 107

N
Nationalpark Val Grande 54
Nera Verzasca 32
»Nicht Anfang und nicht Ende« (Roman) 27
Nordman, Maria 99
Notfälle 109

O
Oedenkoven, Henri 34
Oggebbio 52
Omegna 77
Orrido Sant'Anna 50
Orta 76
Österreichisches Generalkonsulat 109
Österreichisches Honorarkonsulat 109

P
Palagnedra 24
Palazzo Perabò 91
Pallanza 57
Pannenhilfe 109
Parco Botanico del Gambarogno 44
Parco della Villa Pallavicino 65
Parco Naturale Campo dei Fiori 96
Parco Naturale del Ticino 82
Parco Nazionale Val Grande 54
Partisanen 62
Partisanenkämpfe 54
Peccia 27
Piero 106
Pizzoni di Laveno 91
Polizei 109
Ponte Brolla 27
Ponte dei Salti 30
Ponte di Piero 106
Ponte Romano 30
Porto Ronco 40
Porto Valtravaglia 103
Preisniveau 112

Q
Quarna Sotto 77

R
Radsport 109
Rasa 24
Reisezeit 108
Remarque, Erich Maria 40
Robiei 27
Rocca di Angera 83, 84, 86
Ronchi Varesini 86
Ronco 40
Rustici 111

S
Sacro Monte 77

Register

Sacro Monte della SS. Trinità di Ghiffa 52
Salvini, Innocente 94
San Carlo 27
Santa Caterina del Sasso 88
Santa Maria Maggiore 22
San Antonio 93
San Martino 93
San Michele 93
Sarigo 103
Sasso del Ferro 87, 91
Sasso della Preia Buia 82
Schiffe 113
Schneeschuhwandern 110
Schornsteinfegermuseum 22
Schweizer Generalkonsulat 109
Scuola di Scultura di Peccia 27
Scuola Teatro Dimitri 24
Seewald, Richard 36
Segeln 110
Sentieri di Pietra 27
Sereni, Vittorio 104
Serodine, Giovanni 33
Sesto Calende 82
Sicherheit 109
Solcio 72
Sonderschiffe 113
Sonogno 30, 32
Sport 109
St. Léger, Antonietta Baronin de 42
Stresa 23, 64
Surfen 110

T
Tamaro 44
Taxiboote 113
Taxis 113
Terra Vecchia 24
Tennis 110
Torba 97
Toscanini, Arturo 57
Trarego 52
Troubetzkoy, Nikolai 57
Turrell, James 99

U
Übernachten 111
Un Sentiero per l'Arte 30

V
Val Bavona 27
Val Grande 54
Val Lavizzara 27
Valle Cannobina 50
Vallemaggia 21, 26
Valle Onsernone 25
Valle Vigezzo 24
Val Veddasca 105
Val Verzasca 21, 29, 30
Varese 96
Verbania 52
Vergante 65
Verkehrsmittel 112
Verscio 24
Villa Cicogna Mozzoni 97
Villa della Porta Bozzolo 93
Villa Panza 98
Villa Taranto 58
Vira 44
Vogorno 32

W
Wandern 110
Wellness 111
Werefkin, Marianne von 36

Das Klima im Blick
Reisen bereichert und verbindet Menschen und Kulturen. Wer reist, erzeugt auch CO_2. Der Flugverkehr trägt mit bis zu 10 % zur globalen Erwärmung bei. Wer das Klima schützen will, sollte sich – wenn möglich – für eine schonendere Reiseform entscheiden oder die Projekte von atmosfair unterstützen. Flugpassagiere spenden einen kilometerabhängigen Beitrag für die von ihnen verursachten Emissionen und finanzieren damit Projekte in Entwicklungsländern, die dort den Ausstoß von Klimagasen verringern helfen (www.atmosfair.de). Auch die Mitarbeiter des DuMont Reiseverlags fliegen mit atmosfair!

Kennen Sie die?

9 von 260 000 Anwohnern

Bona Borromeo
Familienoberhaupt und Begründerin des Puppen- und Spielzeugmuseums in der Festung von Angera.

Alberto Alessi
Führt in dritter Generation das Familienunternehmen in Omegna-Crusinallo, das zu einer der wichtigsten Designfabriken der Welt geworden ist.

Franziska zu Reventlow
Auch die Gräfin der Münchner Boheme erlag der Strahlkraft des Monte Verità und zog nach Ascona.

Dario Fo
Groß war die Überraschung, als Fo 1997 den Nobelpreis für Literatur bekam. Denn nie hat der aus Leggiuno stammende politische Aktivist, Dramatiker und Komiker ein Blatt vor den Mund genommen.

Renato Pozzetto
Der italienische Komiker, Filmschauspieler und Regisseur hat in seinem Geburtsort Laveno eine Locanda eröffnet.

Mario Monti
Der aus Varese stammende Wirtschaftswissenschaftler und Politiker war von 1995 bis 2004 EU-Kommissar.

San Carlo Borromeo
Geboren 1538 in der Rocca di Angera, Erzbischof von Mailand, wurde 1610 heiliggesprochen.

Rudolf von Laban
1913–17 war der Tänzer, Choreograf und Tanztheoretiker, der das Fundament für die Entwicklung des modernen Tanzes schuf, auf dem Monte Verità tätig.

Eveline Hasler
Die Schweizer Autorin von Kinderbüchern und historischen Romanen lebt in Ronco.

Abbildungsnachweis | Impressum

Abbildungsnachweis
DuMont Bildarchiv, Ostfildern: S. 41 (Florian Werner)
Fondazione Monte Verita, Ascona (IT): S. 34
Fotolia, New York (USA): S. 94 (anghifoto); 61 (dmaphoto); 65 (topics)
Getty Images, München: S. 120/8 (Keystone-France); 120/1 (MONDADORI PORTFO-LIO/Archivio Pigi Cipelli/Pigi Cipelli)
Huber-Images, Garmisch-Partenkirchen: S. 90 (Davide Erbetta)
iStock.com, Calgary (CA) : S. 80/81 (AleMasche72/Alessandro Mascheroni); 69 (Eduard Lysenko); 33 (Elena_Ionkina); Titelbild, Faltplan (eli77); 111 (Foxys_forest_manufacture); 11 (nata_vkusidey/Nataliya Arzamasova); 56 (Paul_Christener); Umschlagklappe hinten (Roman Babakin); 14/15, 110 (swissmediavision)
laif, Köln: S. 120/6 (Allpix/Tony Mondello); 8/9, 68, 88, 107 (Clemens Zahn); 120/5 (Davide Lanzilao); 25, 38, 78 (Frank Heuer); 120/2 (Frieder Blickle); 40 (Gregor Lengler); 4 o., 54 (Iris Kuerschner); 120/9 (Isolde Ohlbaum); 51, 63, 60, 66 (Markus Kirchgessner); 42, 105 (Max Galli); 76 (Polaris/Hermann Bredehorst); 58 (Polaris/Piero Oliosi); 26 (Raffaele Celentano)
Mauritius Images, Mittenwald: S. 92 (age fotostock/Clickalps SRLs); Umschlagklappe vorn, 39 (Alamy/Alexander Karelin); 109 (Alamy/Andrea Matone); 87 (Alamy/Emanuele Capoferri); 70 (Alamy/MARKA); 98 (Alamy/Mirko Costantini); 73 (Alamy/travelbild-Italy); 4 u. (Alamy/Werner Dieterich); 100 (Alamy/Zoonar GmbH); 44/45 (Prisma/Roland Gerth); 17, 29 (SMART RF/Gaby Wojciech); 46/47 (SMART RM/Rik Rey); 7 (United Archives)
picture-alliance, Frankfurt a. M.: S. 120/3 (KEYSTONE/STR); 20 (KEYSTONE/TI-PRESS/Gabriele Putzu); 120/4 (ROPI/Marko/Giacomino); 120/7 (The Holbarn Archive/Leemage)
Shutterstock.com, Amsterdam (NL): S. 83, 85, 102 (AleMasche72); 53, 97 (elesi)
Zeichnung S. 3: Gerald Konopik, Fürstenfeldbruck
Zeichnung S. 5: Antonia Selzer, Lörrach

Kartografie
DuMont Reisekartografie, Fürstenfeldbruck
© DuMont Reiseverlag, Ostfildern
Umschlagfotos
Titelbild: Ein Boot schippert auf die Isola Bella zu.
Umschlagklappe hinten: Auf der Promenade in Ascona, Schweiz

Hinweis: Autorin und Verlag haben alle Informationen mit größtmöglicher Sorgfalt geprüft. Gleichwohl sind Fehler nicht vollständig auszuschließen. Alle Angaben erfolgen ohne Gewähr. Bitte schreiben Sie uns! Über Ihre Rückmeldung zum Buch und Verbesserungsvorschläge freuen sich Autorin und Verlag:
DuMont Reiseverlag, Postfach 3151, 73751 Ostfildern,
info@dumontreise.de, www.dumontreise.de

2., aktualisierte Auflage 2020
© DuMont Reiseverlag, Ostfildern
Alle Rechte vorbehalten
Autorin: Aylie Lonmon
Redaktion/Lektorat: Heike Pasucha, Sebastian Schaffmeister
Bildredaktion: Nadja Gebhardt
Grafisches Konzept: Eggers+Diaper, Potsdam
Printed in China